中華史

易中天

國家

商務印書館

本書由杭州果麥文化傳媒有限公司授權本公司在香港澳門地區出版發行

中華史第二卷
國　家

作　　　者：易中天
學術顧問：陳　勤
責任編輯：徐昕宇
封面設計：張　毅
出　　　版：商務印書館 (香港) 有限公司
　　　　　　香港筲箕灣耀興道 3 號東滙廣場 8 樓
　　　　　　http://www.commercialpress.com.hk
發　　　行：香港聯合書刊物流有限公司
　　　　　　香港新界大埔汀麗路 36 號中華商務印刷大廈 3 字樓
印　　　刷：美雅印刷製本有限公司
　　　　　　九龍觀塘榮業街 6 號海濱工業大廈 4 樓 A
版　　　次：2013 年 7 月第 1 版第 1 次印刷
　　　　　　© 2013 商務印書館 (香港) 有限公司
　　　　　　ISBN 978 962 07 4483 9
　　　　　　Printed in Hong Kong

渾厚的城牆，古樸的城門，把王宮、
街市和鄉村聯繫起來，古老的文明就
這樣在一片荒蠻之中誕生。

目錄

文明是人類自己上演的節目，它的初潮很晚，前戲很長。

有甚麼樣的人，就有甚麼樣的國。

國家，是文明與史前的分水嶺。

第一章

國家與人

上帝敲了回車鍵

公元 1650 年，也就是大清朝攝政王多爾袞去世那年，有一位名叫阿歇爾的愛爾蘭大主教經過精心研究和精密計算，向世人宣佈了上帝創造世界的時間——耶穌誕生前 4004 年。如果你有興趣，他還會樂意告訴你，具體日子是 1 月 28 日，星期五；或者 10 月 23 日，星期天，上午九點。[1]

阿歇爾的日期很有意思。因為考古學的發現證明，人類最早的文明誕生於公元前 3500 年到公元前 3000 年之間。也就是說，如果阿歇爾計算無誤，那麼，從人類的誕生到文明的誕生，就只有短短五百年。

這當然並不可能。

文明是人類自己上演的節目，它的初潮很晚，前戲很長。

　　歷史學家給出了另一張時間表：440 萬年前，南方古猿；380 萬年前，早期猿人；180 萬年前，晚期猿人；30 萬年前，早期智人；5 萬年前，晚期智人，人類正式誕生（見附錄表 1-1 和表 1-2）。遺憾的是，由於缺乏化石的證據，我們還不能從中找到夏娃在伊甸園大造其反，用無花果樹葉發明人類第一條三角褲的確切時間。

　　但後面的故事是清楚的，它可以概括為以下表格：

時代	社會組織	文化標誌	代表人物	形象表現	古史分期
點	原始群	裸體直立	夏娃		
面	氏族	生殖崇拜	母系氏族女媧	魚、蛙、月亮	三皇
			父系氏族伏羲	鳥、蛇、太陽	
片	部落	圖騰崇拜	早期部落炎帝	牛	五帝
			晚期部落黃帝	熊（或其他）	
圈	部落聯盟		早期堯		
			中期舜		
			晚期禹		
國	部落國家	祖宗崇拜	夏啟		

　　是的，正如第一卷所述，"夏娃造反"之後是"女媧登壇"，創造了氏族社會和生殖崇拜；然後是"伏羲設局"，把氏族從母系變成父系；然後是"炎帝東征"，把氏族變成部

落，生殖崇拜變成圖騰崇拜。這就是所謂"三皇"。然後，所謂"五帝"（黃帝、顓頊、帝嚳、堯、舜）又把部落變成部落聯盟。最後，是"啟廢禪讓"，把部落聯盟變成了部落國家。

顯然，時間很長的史前史，軌跡簡單，線索清晰。社會組織，依次是原始群、氏族、部落、部落聯盟、部落國家；文化程度，則依次是點、面、片、圈、國。最原始的文化，是分散在世界各地自生自滅的。這就是"文化點"。如果這種文化能夠存活並得到發展，它就會壯大，變成"文化面"。不同的文化面，由於自身的裂變和擴散，以及相互的影響和交融，就會連成"文化片"。不同的文化片，由於遷徙、聯合、兼併甚至戰爭，則會形成"文化圈"。這個時候，離國家就不遠了；而國家一旦誕生，人類就進入了文明時代。

文明是先後發生的。在非洲北部尼羅河流域和亞洲西南兩河流域，埃及和美索不達米亞一馬當先。[2] 美索不達米亞是希臘語，意思是幼發拉底河和底格里斯河"兩河之間"。之後，在中國的黃河流域、南亞的印度河流域、南歐的愛琴海區域，華夏文明、印度河文明（哈巴拉文明）和克里特文明（米諾斯文明）也相繼發生，時間都在距今兩三千年前。

這就是人類的五大古老文明。[3]

五大文明形態不同，風格各異。克里特（米諾斯）的女神崇拜，在我們看來就匪夷所思；古埃及的金字塔，跟巴比倫的通天塔也兩回事。唯一的相同，是都要建國。包括後起之秀波斯、希臘、羅馬，也如此。比如波斯王國就產生於農業部落和遊牧部落的聯盟，第一任國王居魯士原本是大酋長。

奇怪！為甚麼部落一旦成熟強大，上帝就要敲回車鍵呢？

阿歇爾大主教當然不管這事，但倫勃朗的一句話也許能給我們啟示。倫勃朗是 17 世紀尼德蘭（荷蘭）大師級的畫家，做他的學生每年要交 100 荷蘭盾，相當於當時中國的十二兩紋銀。[4] 可是，就在阿歇爾宣佈其神學研究成果的十幾年前，倫勃朗的畫室出了緋聞。他的一個學生在單獨畫人體寫生時，居然把自己脫得跟女模特一樣。學生的辯解是：這樣一來，我們就成了亞當和夏娃。倫勃朗則用手杖敲着牆說：既然如此，你們就得離開伊甸園！[5]

這一對寶貝兒只好穿起衣服走人，十二兩銀子也打了水漂。

從氏族、部落到國家，莫非也是如此？

或者說，世界各民族相繼告別原始時代的"伊甸園"，是因為像倫勃朗的學生一樣犯了錯誤嗎？

顯然不是。

沒有後悔藥

部落變成國家，並非因為緋聞。人類發明國家，更不是為了尋歡作樂。但這事卻被認為與"逐出樂園"無異，不管那伊甸園是耶和華的，還是倫勃朗的。反正，進入國家時代，好日子就算過完，這是很多人的共識。

比如希臘和羅馬的兩位詩人。

古希臘的那位詩人叫赫西俄德，古羅馬的叫奧維德。他們的共同觀點，是都認為自己生活在黑鐵時代。[6] 之前，則是黃金時代、白銀時代和青銅時代。黃金時代最好，人類美好高貴，社會公正和平。白銀時代馬馬虎虎，但不再天真無邪。青銅時代戰火連天，但信仰和神性猶在。黑鐵時代就一塌糊塗，人類變得貪婪殘忍，互不信任，互不相容，沒有信仰，也不再有真理、謙遜和忠誠。

　　當然，兩位詩人略有不同。在希臘詩人那裏，黑鐵時代之前還有英雄時代。英雄時代比青銅時代好，人類與半神和英雄一起生活。可惜，英雄們被捲入底比斯戰爭和特洛伊戰爭，從此萬劫不復。

　　這可真是"一代不如一代"。

　　類似的説法，我們民族也有。比如希臘、羅馬的黃金時代和白銀時代，在儒家那裏就叫"大同"。大同之世的特點，是"天下為公"。財產是公產，權力是公器，首領是選舉出來的公務員，族民也都一心為公，因此夜不閉戶，路不拾遺，各得其所，天下太平。

　　希臘、羅馬的青銅時代，儒家叫"小康"。小康之世的特點，是"天下為家"，財產私有，權力世襲，戰爭不可避免，道德禮儀和聖人英主也應運而生。[7] 至於黑鐵時代，在儒家那裏是只能叫"亂世"的。

　　大同、小康、亂世，就是儒家那裏的歷史三階段。堯舜是大同，夏商周是小康，春秋戰國是亂世。

　　對應這歷史三階段的，是三種指導思想和政治哲學：大同講帝道，小康講王道，亂世講霸道。當然，儒家是主張王道的。因為大同已不可能，亂世又不正常。因此，應該"尊王道，行仁政，奔小康"，構建和諧社會。這種想法，其實也是一種"中庸之道"。

但這只是一家之言，諸子則另有說法。

比如莊子是只認"羲皇之世"的，墨子也只認"大禹之世"。其實就連孔子，也推崇"堯舜之世"。只不過他老人家比較現實，認為能夠回到西周就算不錯，實際上是退而求其次。

這樣看，我們也是四階段。比如女媧到伏羲，便可以叫黃金時代；炎黃到堯舜，是白銀時代；夏商周，是青銅時代；春秋戰國，則無疑是黑鐵時代。對於前三段，諸家有爭議。對於後一條，除法家外，無分歧。

如此說來，人類一旦建立國家，豈非就每下愈況，等於踏上了不歸之路？

當然不是，也沒有後悔藥可吃。

事實上，氏族部落時代，並非莊子和希臘、羅馬這些詩人哲學家們說的那麼美好。夜不閉戶？那是沒東西可偷。炎黃與蚩尤的戰爭，則跟後世一樣殺得天昏地暗血流成河。

更重要的是，一個民族如果沒有國家，或沒能建立自己的國家，她的歷史就會一直停留在史前時代，比如某些印第安人。相反，只要建立過國家，哪怕後來失去，也會有自己的文明，比如猶太。

國家，是文明與史前的分水嶺。

難怪孔子不但不否定小康，還要說"鬱鬱乎文哉，吾從周"了。[8]

問題是，為甚麼只有建立了國家，才算進入文明時代？國家對人究竟有甚麼意義？人，真的是必須發明國家並生活在其中的動物嗎？如果是，又為甚麼會有那麼多人感歎今不如昔，懷念氏族和部落時代？

國家的邏輯，究竟在哪裏？

分道揚鑣

荀子說，在人。

荀子是從儒家到法家的中轉站。所以他跟法家一樣，既肯定國家，又肯定君主。為甚麼要肯定？為了生存。荀子說，可憐兮兮的人，力氣不如牛，速度不如馬，生存能力其實是很差的。然而牛馬卻為人所用，原因就在人能組成族群。因此，族群如果解體，人就牛馬不如。[9]

這就一要有道德，二要有君主，三要有國家。

做得到嗎？做得到。

荀子說，人與動物的區別，並不僅僅就在"二足而無毛"。[10]水火，有物質無生命；草木，有生命無感知；禽獸，有感知無道德；唯獨人"有氣，有生，有知，亦且有義。"[11]

所以，他能夠發明國家，這是最強大的人類族群；也能夠發明君主，這是最合適的群體領導。[12] 至於道德，則是最理想的組織力量。有道德，人就是萬物之靈。也就有家有國，有安身立命之本。

君主是核心，道德是力量，國家是歸宿。國家與人，就這樣焊在一起。

這跟西方不太一樣。

西方人也要國家，卻未必一定要君主。古希臘的城邦是沒有君主的。羅馬人，從他們趕走最後一任部落王，到產生第一位君主"奧古斯都"屋大維，中間竟隔了近五百年，[13]而且那皇帝還要自稱"第一公民"。17 世紀的阿姆斯特丹，居然寧肯要三個鬱金香球莖，也不肯要一個國王。獨立戰爭後的美利堅人，則不但不要國王，就連統一的國家都不想要。實在拖不下去，才勉勉強強開了一個制憲會議，再磨磨蹭蹭地選出第一屆聯邦政府和總統。

可見，西方人對待君主的態度，是可以要，也可以不要；有的要，有的不要；有時要，有時不要。不像我們，自從有國家就有君主，只不過秦漢以前封土建國，秦漢以後天下一統，但都是君主制。直到辛亥革命前，還有立憲派主張保留一個皇帝，哪怕形同虛設，只是橡皮圖章。

西方人也不認為國家跟道德有甚麼關係。在他們那裏，道德是歸宗教和上帝管的。國家需要的是法，社會需要的是德。所以，他們的國家可以有多種模式。直接民主、寡頭政治、政教合一、君主立憲、聯邦邦聯、稱王稱帝，不但一一試來，而且並行不悖，愛怎樣就怎樣，喜歡誰便是誰。

顯然，當世界各民族開始建立國家，他們就站在了文明的大門前，也站在了歷史的岔路口。

之後，大路朝天，各走半邊。

很難說誰有道理誰沒有。實際上，西方人也經歷了君主制時代，而且至今還有名義上的王國。同樣，荀子不厭其煩地解釋"為甚麼要有國家和君主"，則說明它在當時其實已經成了"問題"，而且事情也並不像荀子講的那麼簡單。比方說，氏族和部落也是群體，為甚麼非得變成國家？

何況世界各國的誕生原因、存在方式和發展道路，也大不相同。有君主的，也有民主的；有獨立的，也有附庸的；有分出去的，也有合起來的；有打出來的，也有談出來的。

五花八門，千奇百怪，不一而足。

道路的選擇不會無緣無故，沒有誰會拿自己的命運開玩笑。

與其論是非，不如找原因。

那就先看人家。

小人之邦

　　如果孔子穿越到美國，一定會大搖其頭。

　　這是甚麼亂七八糟的國家！這個國家並不以德治國，而是以法。最權威的機構和人，居然是法院和法官。尤其最高法院，竟有不容置疑的解釋權。這倒也罷了，堯舜也有司法部長皋陶麼！但律師是甚麼，陪審團又是甚麼？一個人有罪還是無罪，怎麼能由這些胸無點墨的庶人說了算，皋陶大人反倒要聽他們的？

　　議會和議員也不可思議。當然，堯舜那會兒，也有部落酋長和氏族族長的聯席會議。西周和東周，則有鄉飲酒禮，也就是定期或不定期地邀請社會賢達共商國是，相當於"政治協商"。但堯舜和三代，都沒有政黨，更沒有兩黨或多黨。

兩黨制是個甚麼玩意？君子不黨，他們竟然還鼓勵黨爭，而且為這黨爭還要花掉那麼多的錢，是可忍孰不可忍！

也許，只有聯邦制能讓他略感欣慰，因為有點像東周。

的確，美利堅合眾國那些 State，原本是應該翻譯為"邦"的。五十個邦從一開始，就有着自己的憲法、法律和民選政府，各自為政自負盈虧，頗有些像諸侯列國。它們共有的那個總統，豈非"天下共主"？

可惜這總統卻一點尊榮都沒有。國會可以彈劾，媒體可以批評，民眾可以拿他開涮，他反倒要為甚麼"拉鏈門"之類的破事反覆道歉，哪像天子？

文化藝術也不像話。電影院裏，電視機上，還有酒吧和百老匯，要麼怪力亂神，要麼靡靡之音，要麼群魔亂舞，很黃很暴力，這不是"鄭聲之亂雅樂"嗎？

更不可思議的是，他們的民眾居然肆無忌憚地批評和嘲諷總統，還可以上街遊行示威。警察不但不管，反倒提供保護，這不是"無君無父，犯上作亂"嗎？

那麼，古代希臘又如何？

更成問題。

在愛琴海和地中海環抱的那片貧瘠的土地上，星羅棋佈地林立着被稱為"城邦"的國家。這雖然也有點像東周列國，卻居然沒有一個天子，也不分公侯伯子男。城邦與城邦，是完全平等的。哪怕一個城邦從另一個城邦分出去,一旦分家就平起平坐,各行其是,甚至反目為仇。

城邦的政治事務,則交給石匠、鐵匠、皮匠、商人、小販以及遊手好閒的公子哥兒去擺弄。他們不但有權說三道四,投票表決,不肯參政議政的反倒還要罰款。比如雅典城邦的政府,是從十個區年滿三十的男性公民當中,各自抽籤產生五十個人,再組成五百人的會議,任期一年。五百人會議的常設機構是五十人團,由五百人會議成員分組輪流坐莊,任期一個月。五十人團又抽籤產生一名主席,主持工作。這樣的主席,哪一點像國君?

無君臣,亦無父子。古希臘神話中,天神烏拉諾斯被自己的兒子克洛諾斯打成殘疾,失去王位;克洛諾斯則又被自己的兒子宙斯推翻,打入地獄。宙斯自己也被子女們覬覦,靠普羅米修斯幫忙才得以倖免。這些故事都被希臘人口口相傳,津津樂道,真可謂"君不君,臣不臣,父不父,子不子。"

更可惡的,是這些制度的設計充斥着私心。

私心和私利是聯繫在一起的。每個人有每個人的私利,也有每個人的私心。為了保證自己的私利不被侵犯,私心得到滿足,希臘人的辦法是決策機關人數眾多,任期短暫,輪換快速,任何人想以權謀私都不容易。美國人的辦法則是各種利益集團選出自己的代表,然後到議會去討價還價,你方唱罷我登場。

　　這，難道還不是"小人"？

　　然而這些小人，包括被彈劾的總統，被嘲笑的政客，被送上法庭的犯罪嫌疑人，都只會認為自己的敵人不對，不會認為國家的制度不對。哪怕孔夫子苦口婆心勸其仿效西周，他們也會溫和而堅定地說：對不起，No！

　　此中奧秘，不可不察。

公民與臣民

孔子眼中的"小人"，在西方叫做"公民"。

公民，是古代希臘人發明的詞，叫"波里德斯"(Polites)，意思是"城邦的人"。[14] 這就像周代的"國人"，是指"國都裏的人"。

不過在古希臘，並不是所有在城邦裏生活的都叫公民。奴隸就不是，外邦人也不是。而且，就算同為公民，權利也不一樣。權利最完整的，僅限於公民中的成年男子，叫"全權公民"。他們才是城邦真正的主人，以及城邦政權的授權人。全權公民加上婦女兒童，就叫"自由公民"。外來移民和被解放的奴隸，則叫"被保護民"。被保護民和婦女兒童，都沒有參政、議政、執政的權利。

顯然，這是一種少數人才能享受的民主。

限制人數是必然的。因為但凡公民，就有權利和義務。這是公民最重要的特徵。而且有權利，比盡義務更重要。有權利，就甚麼都有；沒權利，甚麼都談不上。何況一旦享有權利，就既可以行使，也可以放棄，非常自由。

這種資格和待遇，城邦豈肯輕易授人？

成為希臘公民的首要條件是人身自由，後來的羅馬也一樣。實際上，公民的公，不是公有，而是公共。希臘公民和羅馬公民的財產，全都歸個人所有，是完全徹底的私有制。而且唯其私有，才能公共。因為自己有私產，就不必從屬和依附於任何團體、組織、機構和個人，當然自由。

公民，就是"自由的人"。

臣民則大不一樣。

甚麼是臣？奴隸，包括戰俘和罪人。戰俘最早被殺，後來則"男人為臣，女人為妾"。他們脖子上拴着繩子，被主

◎甲骨文的"臣"（甲二八五一）
這個字，學者普遍理解為戰俘和奴僕，如鄭玄稱"臣謂囚俘"，孔穎達稱"臣謂征伐所獲民虜者也"，《左傳·僖公十八年》稱："男人為臣，女人為妾。"郭沫若、葉玉森、楊樹達、馬敘倫等均持此說，但解釋不同。

人像牲口一樣牽來牽去。個別有技藝的待遇略高，比如跳舞的"舞臣"。也有極個別的成為牢頭獄霸小頭目，幫奴隸主管理奴隸，比如管農業奴隸的"耤臣"（耤讀如級），管畜牧奴隸的"牧臣"。[15]

這些奴隸中的小頭目，可能是戰敗族群的族長或酋長。

他們就是最早的"臣僚"。君臣的臣，就從這裏演變過來。說白了，其實是貴族和官員在君主面前以奴隸自居，就像清代的滿族王公見了皇帝自稱"奴才"。

同樣，民也不是好詞，至少不是尊稱。

在古書中，民這個字，往往被解釋為冥、暝、盲、氓。大約因為最早的民都是戰俘和奴隸，有的還要被刺瞎眼睛。比如黎民，就是戰敗的九黎族；畜民，就是被商人統治的老奴隸；頑民，則是被周人打敗又冥頑不化的殷商貴族。既然戰敗，自然是"民"。人，才是勝利者和統治者。在上古，人和民也不平等。最高級的是"大人"，其次是"小人"，最低級的是"萬民"。

◎金文的"民"（克鼎）
這個字，有學者解釋為"盲其左目以為奴隸之總稱"。也有學者解釋為"萌之本字，像種子冒地而出，引申為凡草木萌芽皆謂之民。" 兩說均請參看商承祚《戰國楚帛書述略》。

　　後來，奴隸變成平民，也還是被統治者。所謂蟻民、草民、小民、賤民、刁民、屁民，包括順民和良民，都明顯帶有輕蔑和歧視之意。總之，秦漢以前，人比民貴；秦漢以後，官比民高。孟子能説"民為貴"，實在相當了不起！

　　臣民，就是"臣服的人"。

　　公民自由平等，臣民服從依附。所以，臣民的國家必是君主制，公民則喜歡民主共和。國家模式和政治體制，其實都是人自己的創造和選擇。

　　國家與人的關係，也許就在這裏。

中華的惆悵

有甚麼樣的人，就有甚麼樣的國。

實際上，任何一個國家的模式和樣式、制度和尺度，都是由組成這個國家的國民，以及他們的文化和歷史決定的。強大的國民喜歡弱小的政府；自由的國民欣賞鬆散的制度；愚昧的國民盼望英明的領導；軟弱的國民依靠強權的統治。因此恩格斯說，如果某個國家的政府是惡劣的，而且儘管惡劣卻仍將存在，那就可以用該國國民相應的惡劣來解釋。[16]

但，這裏面有問題。

眾所周知，人類最早的國家，大多是君主制，少數是共和制，極個別是民主制。西學東漸前的中國人，更一直認為君主制天經地義，別無選擇，反對派一個都沒有。如此說來，難道世界上大多數人都是不要自由，想做奴隸的？

當然不會。

這就必有原因，必有道理。

甚麼原因？甚麼道理？

天下必須有序，群龍不能無首。

沒錯，中國原本就地域遼闊，人口眾多，如果再攤上洪水泛濫、外敵入侵，就更需要堅強有力的領導核心，需要號召力和凝聚力，至少得有萬眾一心的象徵。這個功能，在那時不可能由別人來承擔。為此，人民只能做出犧牲和讓步，對高舉旗幟的君主俯首稱臣。

這，大約是法家以外思想家們的想法。[17]

因此，除法家外，其他各家對君主制度和君主權力，都是"有條件的維護，有保留的贊同。"比如儒墨道三家都認為，君主可以有，但得是聖人，至少要合格。孟子甚至認為，君主如果不合格，就應該下台。又比如，三家都認為，君臣之間不能是奴役與被奴役的關係。孔子就說君對臣要彬彬有禮，孟子更認為君若"目中無人"，臣可"視如寇仇"。如果那君主太不像話，人民還可以發動革命殺了他。這能說是"想做奴隸，不要自由"嗎？

君主制，並不等於奴隸制。

獨立、自由、平等，畢竟是全人類的共同價值，不會有哪個民族是例外。

只不過，歷史會有不同的嘗試和選擇。

可惜，儒墨道三家主張的條件和保留，離民主或憲政還有十萬八千里，實行起來也有諸多問題。比如甚麼叫"聖人"，三家就說法不一。儒家講"仁民愛物"，墨家講"明察秋毫"，道家講"清靜無為"，請問以誰為準？還有，君主如果不合格，怎樣請他下台？有辦法嗎？有法律嗎？有制度嗎？有程序嗎？沒有。

那就只有一廂情願，以及惆悵。

中華民族的國家史和文明史，就是一部不斷追求獨立、自由、平等，又屢屢求之不得、得而復失的"惆悵史"。

是的，正如希臘實行過"直接民主"，我們也試行過"直接君主"；羅馬實現了"以法治國"，我們也探索了"以禮治國"。我們甚至設計了種種方案，希望能夠做到"君權與民權並重"。最起碼，也不能生靈塗炭，民怨沸騰。

然而曾幾何時，這些都成為泡影。分權變成了集權，集權變成了專制，專制變成了獨裁。秦、漢、隋、唐、宋、元、明、清，每下愈況。改朝換代一次，起死回生一次，也腐敗潰爛一次。最後，不得不拜西方列強為先生。

其實"先生們"又何嘗一帆風順？希臘城邦，孤帆遠影；羅馬共和，日落西山；民主進程，一波三折；自由之路，險

象環生。宗教裁判所就不説了，十字軍東征也不説了。單是
二十世紀，世界大戰就打了兩次。

　　文明的步伐，總難免一腳深一腳淺；國家的意義，誰都
不可能一夜看清。唯獨需要國家，古今中外一樣，不管是東
方還是西方，臣民還是公民。

　　那麼，國家的秘密又在哪裏？

清風從葉間梳過，倒映在水面的垛牆顫動並破碎。

國家，是最大的屋頂；京城，是最厚的城牆。

國家的秘密，就在城市。

第二章

城市跟你說

國家與城市

國家的秘密，北京知道。

作為中華帝國的首都，明清兩代的北京氣勢非凡。運河般寬闊的護城河旁，蘆葦挺立，岸柳成行，樹影婆娑。每當鴨子在河上滑行，或清風從葉間梳過，倒映在水面的垛牆就會開始顫動並破碎。抬頭望去，城樓和城牆突兀高聳，在萬里晴空的映襯下現出黑色的輪廓。門樓那如翼的飛簷秀插雲霄，凌空展翅，蔚為壯觀。行人昏昏欲睡地騎在毛驢上進入城門，身後農夫肩挑的新鮮蔬菜青翠欲滴，耳邊響起的則是不緊不慢的駝鈴聲。

這就是瑞典學者奧斯伍爾德·喜仁龍筆下的北京。準確地說，是 1924 年的北平。它是中國所有帝都的典型和代表。

也許，兩三千年前的王城也就是這個模樣：一樣巍峨的城樓，一樣渾厚的城牆，一樣古樸的城門把威嚴的王宮、喧囂的街市和恬靜的鄉村聯繫起來，只是沒有駱駝。[1]

是的。夏啟、商湯、周武那會兒，應該不會有駱駝。

但，一定有城。

實際上，所有的古老文明，都從建城開始。所有的文明古國，也都有自己的城市，只不過有的聲名顯赫，如亞述、巴比倫、孟菲斯、耶路撒冷；有的鮮為人知，如埃及的涅伽達和黑拉康波利斯，印度的摩亨佐達羅和哈拉巴，克里特的諾薩斯和法埃斯特。沒有城市，則不可能。

古老民族的建國史，同時也就是他們的建城史。

的確，一個族群人口再多，地域再廣，如果沒有城市，那也只是部落或部落聯盟，不是國家。一個村長加一個會計，就號稱總統和財長，是很可笑的。

其實就連土財主，也有土圍子。表現為漢字，就是或者的"或"。或，就是國家的"國"，是最早的國字；也是地域的"域"，是最早的域字。國、域、或，在甲骨文是同一個字。字形，是左邊一個"囗"，右邊一個"戈"。囗，讀如圍，意思也是"圍"，即圈子、圍牆、勢力範圍。戈，則是家丁、打手、保鏢、警衛。也就是說，一個氏族或部落，一旦定居，有了自己的地盤，就會弄個柵欄或牆垣，再挖條溝，派兵看守。

◎ 金文的"國"
（毛公層鼎）

◎ 甲骨文的"或"
（鄴三下・四三・四）

◎ 金文的"或"
（兮甲盤）

很明顯，國就是或。

這就是"或"。

地盤是越變越大的，人口是越變越多的，規格也是越變越高的。於是，或旁加土，就成了"域"；或外加口，就成了"國"。有學者認為這是畫蛇添足，其實未必。國家畢竟不是土圍子，豈能還是"或"？

那麼，國家不同於部落的地方在哪裏？

城市。

世界上的文明古國有兩種。一種是一個城市加周邊農村為一國，叫"城市國家"，簡稱"城邦"；另一種是中心城市（首都）加其他城市及其農村為一國，叫"領土國家"。兩河流域南部最早出現的，就是城市國家；埃及的第一王朝，則是以提尼斯為首都的領土國家。

領土國家也好，城市國家也罷，都得有城市，也都要以城市為中心。

　　所以，國，必須是"或"字外面再加"囗"。或，只表示有了地盤；囗，才表示有了城市。事實上，在中國古代文獻中，國就是城，城就是囗，比如國門就是城門，國中就是城中。如果是領土國家，國就是國都。比如"中國"，本義就是"天下之中"，是全世界的中心城市。後來，才泛指京都所在的中原地區。

　　至於今之所謂"國家"，古人叫"邦"。國家二字，也原本是"邦家"。後來因為避漢高祖劉邦的諱，才改邦為國。其實，國只是都城，邦才是全境。城郭之內曰國，四境之內曰邦。聯邦不能叫"聯國"，邦聯不能叫"國聯"，邦交不能叫"國交"，中國不能叫"中邦"，是有道理的。

　　國家的秘密，就在城市。

　　知道了為甚麼要有城市，就知道了為甚麼要有國家。

大屋頂

城市好嗎？

難講。

不要説現在的城市病得不輕，古代的城市也未必就是人間天堂。中國古代的官員，京官也好，縣令也罷，都會在自己的家鄉買田置地，隨時準備"告老還鄉"。必須一輩子待在城裏，還只能待在城中城的，只有那可憐的皇帝。

於是，作為補償，皇帝修了圓明園，賈府修了大觀園，歐美的貴族和富豪則在鄉間修了或買了別墅。

城市確實未必美好。當然，未必而已。

那麼，人類又為甚麼要發明它？

為了安全。

　　城市的確比農村安全，冷兵器時代就更是如此。那時，大多數國家的城市都有城牆或城堡。雅典的城牆，就是公元前 479 年修建的。實際上，城邦這個詞（polis），就來自衛城（acropolis），acro 是高。可見他們不但要有牆，還要"高築牆"。當然，也要"廣積糧"。

　　唯一的例外是斯巴達。

　　為此，斯巴達付出的代價，是把六十歲以下的成年男子都訓練成戰士，隨時準備衝鋒陷陣，也隨時準備以攻為守。他們，是用自己的血肉築起了無形的城牆。

　　同樣，在漢語中，城就是牆。城字的本義，就是"都邑四周用作防守的牆垣"。如果有內外，則內城叫城，外城叫郭。如果有高低，則高的叫牆，低的叫垣。牆、垣、城、郭，可以都有，不可能都沒有。沒有城牆的城市就像沒有屋頂的房屋，不可思議。

　　城市，是古代人類的大屋頂。

◎金文的"城"（散盤）

　　當然，這裏説的古代人類，主要是指農業民族。實際上，幾乎所有的古老文明，埃及、美索不達米亞、華夏和印度，都是農業民族創造的。[2] 他們最先建立的，也都是城市國家。蘇美爾、阿卡德、赫梯、腓尼基，都如此。這並不奇怪。對於農業民族來説，安居才能樂業。這就不但要有前哨，還要有退路。靠近田地的村莊就是前哨，有着高牆的城市就是退路。兵荒馬亂，可以進城避難；遭遇災年，可以進城要飯。

　　城市，讓農民免除後顧之憂。

　　因此，在戰事頻仍的古代，最重要的是築城，最持久的是圍城，最艱難的是攻城，最殘忍的是屠城。

　　難怪遊牧民族沒有城市也沒有國家了，他們用不着。

　　海盜和桃花源中人，也一樣。

　　事實上，一個族群，如果從來就處於和平狀態，既未遭遇侵略，也不侵略別人，他們就不需要城市，也不需要國家，比如菲律賓棉蘭老島上的塔薩代人。同樣，如果他們永遠處於攻擊狀態，每個人都是戰士，也不會需要這兩樣東西，比如巴布亞新幾內亞的芬圖人。[3]

　　可惜，我們民族既不是塔薩代人，也不是芬圖人。我們不但"很農業"，還幅員遼闊，人口眾多，歷史悠久。所以，我們不但要有城牆，還要有萬里長城；不但要有國家，還需要中央集權。而且，這個中央集權國家的首都之一北京，還得由宮城、皇城、內城和外城四道城牆圍起來。

國家，是最大的屋頂；京城，是最厚的城牆。

建立國家，圖的首先是安全。

但，今天的北京，已經沒有城牆了。世界各國的城市，也大多沒有。國家的意義和秘密，還在城市那裏嗎？

這個問題，請上海來回答。

此時無牆勝有牆

　　上海原本也是有城牆的。

　　上海的城牆建於明嘉靖三十二年（公元 1553 年），只不過是圓的。原因，據說是經費不足。但這個最省錢的城牆，還是在 1843 年開埠以後，在官紳士商的一致呼籲下被拆掉了。理由，則是它妨礙了車馬行旅、金融商情。

　　原來的牆址上，便有了一條圓圓的馬路。

　　沒有了牆的上海真的變成了灘，四通八達，平坦開闊，一點神秘感、隱蔽感和安全感都沒有。

　　然而怎麼樣呢？

　　涌進上海的人逐年遞增，甚至猛增、劇增、爆滿。近一點的，有蘇州人、寧波人；遠一點的，有廣東人、香港人；

再遠一點，還有英國人、法國人、印度人、猶太人、阿拉伯人。有錢的、沒錢的、城裏的、鄉下的，都往上海跑。鬼佬與赤佬並駕，阿三與瘟三齊驅，官人與商人爭奇，妓女與淑女鬥豔。開放的上海灘，華洋雜處，賢愚俱存，貧富共生，有如大唐帝國的長安。

但，上海並不是帝都，也沒有城牆。這些人趨之若鶩，又是為了甚麼？

為了自由。

自由是城市的特質。

的確，城市比農村安全，也比農村自由。如果是商業城市，就更自由。比如 16 世紀尼德蘭南方中心城市安特衛普城內，交易所門前懸掛的標牌便是"供所有國家和民族的商人使用"；[4] 中世紀歐洲某些自治城市則規定，逃亡的農奴如果在城裏住夠了一年零一天，他便成為自由人。由此，還產生了一句民諺——"城市的空氣使人自由"。[5]

當年的上海就是這樣。二戰期間，上海甚至敞開大門接納了大量被納粹追殺迫害的猶太人。沒有城牆的上海，反倒是安全的。

是的，此時無牆勝有牆。

其實，如果僅僅只有安全的需要，城市和國家都並非必需。氏族和部落的土圍子就已經很好。然而，哪怕它好得就像福建客家人的土樓，四世同堂，固若金湯，土圍子的封閉性也終歸大於開放性。[6]因此，在那裏不會有使人自由的空氣，弄不好還會相反。

必須有一種新型的聚落，既能保證安全，又能讓人享受到充分的自由。

這種新型的聚落，就是城市。

新聚落（城市）與老聚落（土樓）的最大區別，在於裏面住的不再是“族民”，而是“市民”。市民的關係一定是“超血緣”的。他們之間的交往、交流和交易，也一定會超出地域的範圍，打破族群的界限，甚至雜居和混血。

這就必定產生出兩個新的東西，一是超越了家族、氏族、胞族、部族的“公共關係”，二是與此相關的“公共事務”。處理這樣的事務和關係，氏族部落時代的辦法和規範已不管用。管用的，是擁有“公共權力”的“公共機關”，以及如何行使權力的“公共規則”。這個“公共規則”，就叫“法律”；這個“公共權力”，就叫“公權”；這個“公共機關”，就叫“國家”；而代表國家行使權力的人，照理說就該叫“公職人員”或“公務員”，甚至“公僕”。

以城市為標誌，國家誕生。

也就在這天，“或”變成了“國”。

變成了國的或不再是氏族和部落。它的人民也不再是

"族民"，而是"國民"。國民就是依靠公共權力來處理公共關係和公共事務的人民，國家則是利用公共權力來保證國民安全與自由的公共機關。因此，對於國家和國民，頭等大事都是如何看待公共權力——交給誰？誰來交？怎麼用？

不同的國家模式和體制，由此產生。

民主的模樣

愛琴海早晨的陽光從來就很迷人，雅典的居民也大多起得很早。作為城邦的當家人，伯里克利早早吃完簡單的早餐，就吻別女友辦公去了。

他的女友是外籍居民，因此只能同居，不能結婚。

這事很讓伯里克利頭疼，因為這意味着他們生下的兒子小伯里克利，將不能成為雅典公民。當然，外籍居民的待遇並不差，同工同酬，來去自由。他們所做的貢獻，也能得到城邦的承認和尊重。比如醫學之父希波克拉底，史學之父希羅多德，便都是外籍居民。但除非特許，外籍居民不能擁有政治權利，對城邦的公共事務也沒有發言權，哪怕他是伯里克利的兒子。

　　更糟糕的是，這條關於公民資格的法律，恰恰是伯里克利執政期間，由他本人提出的。只不過，那時還沒有這位讓他神魂顛倒的同居女友。

　　這真是不折不扣的作法自斃。

　　但伯里克利只能嚥下苦果，儘管他是雅典城邦最有權勢的人。事實上，伯里克利不僅位高權重，而且對城邦的貢獻無與倫比。正是在他的治下，雅典走向輝煌，達到鼎盛，以至於這個時期被稱為"伯里克利的黃金時代"。這個時期的雅典，也被伯里克利本人驕傲地稱為"希臘人的學堂"。

　　伯里克利，是可以相當於大禹或周公的。

　　然而伯里克利的待遇，卻比大禹和周公差得遠。作為公民，他沒有任何特權和享受，只能跟其他人一起住在普通居民區裏，房子是土坯壘成的牆，坡式屋頂上蓋着赤陶的瓦片。作為民選的將軍，他也只能聽命於公民大會。他甚至必須接受這樣的事實：出席公民大會受審，並被判處巨額罰金和解除職務。

　　這事發生在公元前 430 年，也就是伯里克利發表"陣亡將士葬禮演說"的第二年。正是在這個著名的演講中，伯里克利熱情洋溢地謳歌了雅典的民主制度，認為只有這樣的制度才是最合理的。也只有這樣的制度，才能保證希臘城邦的繁榮昌盛，希臘人民的幸福安康。他的演說是那樣的真誠和實在，完全沒有想到很快就會被自己讚頌的制度，一耳光打得滿地找牙。

命運相似的還有丘吉爾。

領導了反法西斯鬥爭的英國首相溫斯頓・丘吉爾，也是在勝利之後被他的人民利用民主制度"卸磨殺驢"的。1945年7月，保守黨在英國大選中落敗。正在參加波茨坦會議的丘吉爾，只能黯然神傷地走下舞台。據說，捱了當頭一棒的丘吉爾聞訊以後曾發表了這樣一句名言：偉大的民族對自己的偉大人物，總是忘恩負義的。

丘吉爾此刻的心情，怕是只有他自己知道了。

實際上，這正是古希臘作家普魯塔克評論伯里克利的話。而且，我們還必須補充一句：這樣的民族，一定是崇尚民主的。事實上，只有民主國家的公民，才會如此"忘恩負義"。更重要的是，也只有這樣國家的公民，才能夠這樣做。

因為民主的要義，就是"主權在民，政權民授"。

是的，國家的公共權力不是哪個人的，也不是誰家裏的，而是全體人民的。是全體人民當中的每個人，都把自己的"私權利"部分地讓渡出來，這才共同組成和變成了"公權力"。使用公權力的執政者，只是讓渡私權利之全體人民的代理人。故，他必須由人民選舉，得到授權；必須對人民負責，受到監督；還必須有一定的任期，通過選舉來換屆。終身制，必非民主。

所以，民主國家的國民一定"忘恩負義"。他們固然看重你以前都做了甚麼，做得如何，卻更關心你將來怎樣，想幹甚麼。丘吉爾被取代，原因就在這裏。同樣，民主國家的國民也難免上當受騙。伯里克利的下台，還有許多不怎麼樣的總統和總理的上台，便是如此。但，民主國家領導人的任期都有限制。因此，如果看走眼選錯人，有後悔藥可買。可見，民主是"可以糾正自己錯誤的制度"。也因此，它是目前"最不壞的制度"。

這就是民主。它就是這個樣子，不管你喜不喜歡。

君主的來歷

與伯里克利的可憐兮兮相反，埃及的法老儼然是神。

古埃及人對法老的尊崇，今天看來近乎病態。當時官員和貴族最大的榮幸，是能夠匍匐在法老面前親吻他的腳印；最值得誇耀的，則是終身不曾捱過他的鞭撻。他的名字不能

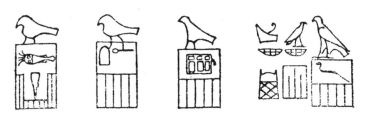

◎埃及第一王朝四位法老的王銜，其中第一位納爾邁，也叫美尼斯，是兼併了上下埃及的人，古埃及最早的法老。這四位法老的王銜中都有鷹。

叫出聲來，因為據說裏面有無法抗拒的魔力。他的王銜中有一隻鷹，那是太陽神的圖畫文字符號，就像中國太陽裏的"三足神鳥"。

鷹神荷魯斯原本是地方"保護神"，後來成為上下埃及共同的神。法老，就是國家保護神在人間的化身和代表，是"太陽神的兒子"，死後則成為諸神中的一個，就連入主埃及的希克索斯人也這麼說。這樣的權威當然毋庸置疑。只是到了帝國的後期，挑戰中央的地方統治者才自稱"月亮神托特的兒子"。

沒錯，君主制的要義，就是"主權在君，君權神授"。

神的兒子當然要住進神殿。實際上，"法老"（pharaoh）本有"宮殿"之意。稱國王為法老，正如稱皇帝為"陛下"，稱王子為"殿下"。他們甚至死後都要住進宮裏，只不過那宮殿叫"庇里穆斯"，也就是金字塔。

神有神廟，王有王宮，朝廷當然也就叫"廟堂"。

但，君主並不是神，也不該是神。最早的君主，原本是部落的酋長。他們起先叫"尹"。尹，就是手上拿了根東西，甲骨文的字形跟"父"十分相像。

◎甲骨文的"尹"（《甲骨文編》甲一七一二）

◎甲骨文的"父"（《續甲骨文編》乙九七一）

　　父，也是手上拿了根東西。只不過尹手上拿的是"杖"，父手上拿的是"斧"。但有人説父拿的也是"杖"，還有人説父拿的其實是"炬"，因此是"繼往開來的領路人"，也就是"帶頭大哥"或"主心骨"。

　　其實，父或尹，手上拿的是炬，是斧，是杖，都無所謂。因為不管他拿甚麼，都意味着有"指揮權"。所以，炬也好，斧也好，杖也好，都是"指揮棒"。後來，變成"指揮刀"。再後來，變成"權杖"。

　　與此同時，尹，也就變成了君主的"君"。

◎埃及法老權杖

◎金文"君"字（天君鼎）

　　君，從尹從口，也就是部落王或大酋長在發號施令，聽命令的則是"族群"。群，原本是不能用來説人的。人多了叫"眾"，獸多了才叫"群"。[7]不過這是春秋以前的觀念。到戰國，君已經成為"人群"的領導者。但，群是"羊"字上面一個"君"，説明"君"原本是牧羊人，比如"姜"或"羌"。堯舜聯盟中的部落酋長叫做"牧"（十二牧），不是沒有原因的。

　　顯然，君，最早是勞動者，這就是氏族的族長；後來是

領導者，這就是部落的酋長；最後才是國家的統治者，這就
是國君，是侯、王、皇帝。

　　作為勞動者和領導者的"君"，原本是一些具有個人魅
力的人。他們是在族群披荊斬棘、篳路藍縷、刀耕火種、殺
出重圍時脫穎而出的。策劃，則神機妙算；圍獵，則奮勇當
先；迎敵，則指揮若定；農耕，則每每豐收。這樣的人，當
然不難獲得族民由衷的尊敬和擁戴，成為當之無愧的領袖。
他們甚至可能因為特殊的貢獻而在死後被尊為神，比如大禹。

　　於是，"君"就變成了"主"。

　　主，原本是燈芯。[8] 後來，卻變成了"主人"和"主
宰"，甚至"救世主"。

　　這是跟民主制完全不同的道路。

◎甲骨文的"主"（甲一五〇）
許慎《說文解字》解釋為"燈中火主"，
也就是燈芯。

殊途同歸

　　道路的選擇有如航海，不同的民族有不同的海圖。

　　東方各國選擇的都是君主制。而且，也都是先從部落（或部落聯盟）變成部落國家，然後從城市國家變成領土國家，最後從各自為政走向中央集權，變成王朝和帝國。

　　最早建立了集權制的是埃及，這就是納爾邁（也叫美尼斯）的第一王朝。[9] 然後是兩河流域，這就是薩爾貢的阿卡德王國和漢謨拉比的古巴比倫王國。印度的孔雀王朝和中國的大秦帝國則要晚得多（見附錄表 2）。而且，印度的國王也不是神或"神的兒子"。他們屬於"剎帝利"，等級比"婆羅門"（祭司）還低。到阿育王時代，[10] 也就是中國的戰國末年，國王才自稱"諸神的寵愛者"。

中國的道路有所不同。

中國的君主不是神，而是聖。他們是"天的兒子"，叫"天子"。天子是"人中之龍"，只在天的面前稱臣。當然，也沒有甚麼祭司或教皇之類的人物，可以凌駕於他們之上。所以，中華帝國是最穩定和最完善的帝國，穩定到不可能被蠻族征服，也不可能在自己內部發生制度性的革命。

海圖，確實是多樣的。

希臘和羅馬是另一條路。他們的政治體制其實有許多種，包括貴族政治和寡頭政治。簡單地說，雅典選擇的是民主，羅馬選擇的是共和。雅典民主存在了二百多年，然後被馬其頓王國征服。羅馬的共和則存在了近五百年，然後是君主制。到西羅馬帝國滅亡，差不多也是五百年。[11]

航線，也是多樣的。

但，構成海圖的要素，世界各民族卻是相同的。最重要的，是公共關係、公共事務、公共權力、公共機關和公共規則。規則，有公民的約法、君主的王法，以及中國的禮法。禮法、王法、約法，原則上都應該是成文法。公權力的行使，也要依靠法令和文書。因此，各文明古國都有自己的文字，比如古埃及的"圖畫文字"；蘇美爾的"楔形文字"；克里特的"線形文字"；印度河的"印章文字"；中國的"甲骨文字"。這是"文明的界碑"。

　　那麼，選擇航線的燈塔是甚麼？

　　安全與自由。

　　安全與自由，就像公平與效率，是一對矛盾。側重點不同，選擇就會兩樣。更看重自由的，選擇民主制；更看重安全的，選擇君主制。因為民主的政府必定弱勢，非如此不能保證國民的權利不受侵犯，國民的自由不被干涉。但這樣的政府要想集中力量辦大事，在古代便難免力不從心。這是大多數古老民族最終都要選擇中央集權的原因之一。是啊，要麼有自然災害需要抗拒，要麼有外來強敵需要抵禦，政府非得強勢不可。[12]

　　問題是，安全可以用技術來解決，自由卻只能靠制度來保證。因此，世界各民族又會殊途同歸，最終都將走向民主。只不過在此之前，大家都得走過漫長的道路，包括西方，也包括中國。

　　然而，沒有甚麼航程會是彎路，沒有甚麼探索毫無意義。所有民族的勇往直前和坎坷曲折，都是全人類的共同財富，也都是可以互相借鑒的。為此，我們恐怕得去走走人家的航路，並順便訪問幾個港口。

　　比如雅典，比如費城。

民主的雅典渺小而孤獨，費城則是它的轉世靈童。
那靈魂，便是獨立、自由、平等。

第三章

從雅典到費城

民主是個意外

戰國前夕，現在叫做山西的地方發生了一起謀殺案。世襲的晉國大夫趙桓子去世後，其子立即被族人集體謀殺。理由是趙桓子的繼位，原本就不符合前任趙襄子的遺願。因此，他兒子不但不能襲爵，還必須被殺掉。

也就在同一年，雅典街頭有個賣香腸的卻被攛掇着去當政治家，因為他被認為具有一切民主派人士的共同特點：出身卑賤，會做買賣，厚顏無恥，蠻不講理，全家老小都是無賴。一位將軍對他說：你以為甚麼人能當人民領袖？不是要有學問，也不是要有道德，而是既卑鄙又無知。

哈哈，太好玩了！

當然，雅典發生的事情，不是史實，而是劇情，是古希臘戲劇家阿里斯托芬諷刺喜劇《騎士》中的情節。這齣戲就是在晉國那個倒霉鬼被殺的公元前 424 年公開上演的，還得了頭獎，因此它又是歷史，或可以看作歷史。它至少說明，在當時的雅典，很有一些人對民主政治不以為然。

這就意味深長。

眾所周知，雅典城邦的民主，是人類歷史上的第一例。它在後世，是被當作成功的典範而備受推崇的。誰能想到，當時竟會遭到如此嘲諷？更具諷刺意味的是，喜劇原本也是最具民主性的藝術樣式。喜劇，尤其是諷刺喜劇，只有在民主的氛圍中才會有立足之地。也只有在民主國家，喜劇家才能真正享受到最充分的言論自由，不用懼怕因為刺痛了某些權勢人物而受到政治迫害。可是，這種最民主的藝術卻被用來嘲諷民主，這真是讓人情何以堪！

然而只要轉念一想，我們就會發現這恰恰是民主制度的優越所在。想想看吧，反對民主的人可以大聲說出自己的反對，還能獲得滿堂喝彩，請問還有甚麼制度比這更不壞呢？

但這個"最不壞的制度"，在當時卻是異類，甚至意外。

看看左鄰右舍就知道。

事實上，雅典試行和實行民主的那兩個半世紀，世界格局絕非民主浪潮風起雲湧，而是君主制度遍地開花。埃及，早在雅典民主改革兩千五百年前，就建立了第一王朝，此刻正一會兒變成波斯人的王朝，一會兒變成埃及人的王朝。西亞，則從雅典實行民主制度的一千七百年前起，便走馬燈似的出現了一個又一個的王國：阿卡德、巴比倫、赫梯、以色列 - 猶太，然後是亞述帝國和波斯帝國。跟雅典同時代的印度和中國，則都在走向中央集權——中國從春秋戰國走向大秦帝國，印度從列國時代走向孔雀王朝。有人搞民主嗎？沒有。

就連希臘本土，也是三種政體並行不悖：雅典，民主政治；科林斯 [1]，寡頭政治；斯巴達，貴族政治。在文明的起點上，希臘人也分道揚鑣。

民主的雅典，渺小而孤獨。[2]

因此，當阿里斯托芬使用他的民主權利盡情嘲諷民主制度時，他當然不會想到，在雅典 2550 平方公里土地上進行的政治實踐，連同它的成功與失敗，經驗和教訓，都將成為種子，成為泉眼。千百年後，這種子會長成參天大樹，這泉眼會變成滔滔江河，變成"順之者昌逆之者亡"的世界潮流。

事實雄辯地證明了，一種制度、一種精神和一種文明，只要符合人類的共同人性和共同價值，就總有一天會產生出來，哪怕當時只是意外。

問題僅僅在於：意外是怎麼發生的，特例又為甚麼會變成通例？

這得先讓希臘人來回答。

山那邊是海

柏拉圖說，希臘人是"圍着池塘的螞蟻和青蛙"。

這個池塘叫愛琴海。

愛琴海是希臘人的母親。她就像從海水的泡沫裏創造阿芙洛狄忒（維納斯）一樣，把希臘人創造了出來。在歐洲，沒有哪個地區會像希臘那樣，擁有如此漫長而曲折的海岸線，以及如此眾多的島嶼。站在希臘任何一個山頂，你看到的都將是藍天白雲下那浩瀚的大海，一望無際。

這是一個海闊天空、無拘無束的自由世界。

如此開放的視野，是讓人心胸開闊的。何況還有冬天和暖的陽光，夏天涼爽的信風，這至少保證了他們在露天廣場召開公民會議，將不成問題。

只有一樣東西神沒給他們——肥沃的土壤。希臘的山坡是荒涼的，土壤是貧瘠的，許多地方寸草不生。適合生長的，主要是葡萄藤和橄欖樹；適合生產的，則是葡萄酒和橄欖油，還有盛放它們的陶罐。這些產品很容易就能變成商品，販運到埃及、波斯、馬其頓等地，換取自己需要的糧食、木材和日用品。

於是希臘人說：好吧，我們航海去！

航海是自由的旅行。在滑翔機和降落傘發明之前，航海無疑最能讓人體會到甚麼是自由，也最能讓人明白甚麼是責任和理性。在航海中，任何頭腦發熱的輕舉妄動和不負責任的胡作非為，都可能導致葬身魚腹的滅頂之災。希臘文明中一直有着自由和理性的精神，請不要忘記航海的作用。

還有殖民和經商。

殖民和經商也是希臘人的拿手好戲。據統計，公元前 8 世紀到公元前 6 世紀，參加殖民的城邦有四十多個，派生出來的城邦則有一百三十多個，跟愛琴海的島嶼一樣繁多。它們的共同特點是“小國寡民”，比如厄齊那城邦就只有 100 平方公里。但這些“小不點”卻不畏強權。公元前 492 年，波斯國王大流士要求希臘各邦臣服，外交辭令叫“貢獻水和土”。結果，帝國的使者在雅典被扔進了深淵，在斯巴達被扔進了水井。希臘人說：要水土，自己去取！

接下來，便是希臘人在馬拉松和薩拉米以弱勝強，兩次大敗武裝到牙齒的波斯軍隊。這就再次證明，自由的精神一旦被自由的人民所掌握，將會轉化成怎樣的力量。

真正自由的，也一定是真正獨立的。希臘城邦制度和殖民事業的一個重要特徵，就是"獨立"。不管這些大小城邦之間是甚麼關係，是"兄弟"，還是"朋友"，或者"母子"；也不管它們選擇甚麼樣的政治體制，是"民主政治"，還是"寡頭政治"，或者"貴族政治"，都各自為政、自行其是。沒有人能夠凌駕於這些城邦之上，哪怕只是名義上的"天下共主"。

希臘，是沒有"周天子"的。

實際上，希臘人如此熱衷於殖民，一個重要的原因就是想獨立。也就是說，一個部落或城邦的大家族如果人口過剩，那些地位相對較低、又不甘心被邊緣化和底層化的"調皮搗蛋分子"，就會選擇遠走他鄉，自立門戶。他們的態度也很明確：如果殖民成功，那就分庭抗禮；如果失敗，則寧肯到"蠻邦"（埃及和波斯）去當僱傭兵或打工仔，也不會回來做那"鳳尾"。

獨立自由，比榮華富貴更重要。

這就是海的兒子希臘人。航海讓他們體會到自由，殖民讓他們懂得了獨立。那麼，經商的意義又是甚麼？

學會平等。

一刀兩斷

平等是商業活動的基本前提。[3]

人類為甚麼要有商業？因為需要交換。為甚麼能有商業？因為可以商量。因此，真正的商品經濟，一定是公買公賣、平等互利的，也一定是成交自由、可以講價的。這就必須獨立。獨立才平等，平等才自由。

誰必須獨立？從哪裏獨立？

每個個人，都從氏族血緣組織中獨立出來。

為甚麼要獨立出來？氏族內部不平等嗎？平等。但這種平等是靠不住的，因為每個成員都不能脫離組織而單獨存在。絕大多數原始民族或者有圖騰，或者要文身，就是為了保證自己安全地生活在族的羽翼之下。

　　這其實是一種"人身依附關係"。因此，當氏族從部落變成國家，族民們就會從"對組織的依附"，變成"對個人的依附"。起先是依附於酋長，然後是依附於國君。君主制，就這樣產生。

　　顯然，必須跟所有的依附對象都一刀兩斷。

　　而且首當其衝的就是氏族組織。

　　這是需要"刀子"的。

　　刀子就是契機。沒有契機的其他古老民族，都走向了君主制。只有希臘人，還有後來的羅馬人，是個例外。

　　跟中國農民的進城趕集不同，希臘人的商業貿易是專業化和遠距離的，也是跨氏族、跨地域，甚至跨國界的。他們很可能會跑到北非，跑到西西里，跑到小亞細亞，面對素不相識的異族討價還價。這就提出了三個要求：一，產權明晰；二，獨立自主；三，使用貨幣。也就是說，他們必須是獨立的民事責任人，有權自作主張買賣商品、處分財產、敲定價格。事實上，在沒有電報、電話和 Email 的時代，要求漂洋過海的商人每筆買賣都向氏族部落請示彙報，簡直搞笑！

　　何況，他們還很可能在異邦娶妻生子安家落戶再不回來。

　　那好，我們分家。

　　分家也不是"包產到戶"。戶是沒有的，分到財產的是個人。這是歷史上最徹底的私有制——財產歸每個個人所有，而且神聖不可侵犯。

希臘人，經濟獨立了。

經濟獨立的結果，是人格的獨立；人格獨立的結果，則是意志的自由。事實上，一個人只要不必依靠別人的施捨和恩賜過日子，他就不必看別人的眼色，聽別人的擺佈。同樣，如果他能自由地處分自己的財產，他也就能夠自由地處分自己的一切，包括處分自己的身體，處分自己的思想，處分自己的言論，處分自己的政治立場和社會態度。比方說，愛上誰就跟誰做愛，支持誰就投誰一票，喜歡誰就做誰的 fans，反對誰就罵他個狗血噴頭。

相反，如果"普天之下，莫非王土"，所有人都沒有徹底的產權，沒有完全屬於自己的財產，必定"率土之濱，莫非王臣"，誰都不獨立，誰都不自由。包括天子，也得向皇天上帝俯首稱臣。

獨立人格，自由意志，真是何其重要乃爾！

希臘文明的內核和精髓，也就在這裏了。難怪馬克思要把希臘的這段歷史，稱之為人類童年時代"發展得最完美的地方"；也難怪恩格斯在說到希臘人的革命時，使用了"炸毀"兩個字。[4] 是的，由於航海、殖民和經商這三個炸藥包，氏族血緣組織被炸得粉碎，人身依附關係被炸得粉碎，史前文明的所有優點和缺點也被炸得粉碎。希臘人，直接從族民變成了公民。

再見了爹媽，咱們從此平起平坐，咱們從此各自保重。

走向平等

人格獨立和意志自由的希臘人，獲得了解放，也遇到了難題。

難題就是如何處理人際關係。

這在氏族社會是不成問題的。血緣，最天然、最真實、最溫情也最和諧。父慈子孝，兄友弟恭，夫唱婦隨，不就是中國人一貫追求也曾經行之有效的主張嗎？然而此刻的希臘人，卻成了宙斯式的"弒君英雄"，俄狄浦斯式的"殺父罪人"，早已"君不君，臣不臣，父不父，子不子。"他們，又靠甚麼來組成社會，結為群體，不至於因各行其是而天下大亂？

契約。

　　用契約管理社會，在希臘人那裏絲毫都不奇怪。作為商業民族，他們早就意識到處理事務和關係，物比人好。這個"物"，就是貨幣和契約。貨幣，乾淨利索；契約，人我兩便。只要大家都信守合同，照價付款，就相安無事。而且，由於它對簽約各方具有同樣的約束力，因此是公正的，也是公平的。

　　人類歷史上第一種平等產生了——契約面前人人平等。

　　這樣一種好東西，當然可以放之四海。比方說，用來制定研究問題討論問題的方法和規則。這些方法和規則，比如邏輯，是人與自然的約法，也是人與人的約法。其中，不證自明的叫"公理"，推導的過程叫"推理"，推導出來的叫"定理"，最後的結論叫"真理"。某個結論是不是真理，不歸張三說了算，也不歸李四說了算，要看是否符合約定的一系列"理"。對誰，都一樣。

　　科學誕生了，真理面前人人平等。

　　契約既然可以用於自然，就更可以用於社會。社會的契約就是法律。只不過，它不像商業合同那樣一對一地簽，而是全體公民一起約定。由於它是關於社會問題的，所以叫"社會契約"；由於它是全體公民簽訂的，所以叫"全民公約"。所謂"全民公約"，就是每個人跟其他人都互為甲方和乙方，就像民主是"自己統治自己"。這樣一種簽約，當然更必須遵守，立法者和執法者也不能例外。作法自斃，不是立法者的悲哀，反倒是他的光榮和成功。

法治誕生了，法律面前人人平等。

但，這裏面有問題。

契約面前人人平等，是沒問題的。因為甲方和乙方人格平等，權利對等。談不攏，可以不簽；有情況，可以修改；執行不了，可以認賠毀約。總之，契約是可以商量的，而且只要甲乙雙方商量就行。

法律也可以這樣嗎？

難。全體公民一起來立約，不可能條條款款都意見相同。如果左也談不攏右也談不攏，又怎麼辦？就不要法律了？

當然不行。

也只能先做兩個約定。第一，法律的制定，只能尋找"最大公約數"，也就是每個人都可以接受或不能容忍的。比方說，不能殺人，不能放火，不能搶劫，不能盜竊，不能強姦，不能私入民宅。這些大家都同意，那就寫進法律。這就是"法治原則"。第二，如果連最大公約數也找不到，那麼對不起，投票表決，少數服從多數。這就是"民主原則"。

顯然，法治跟民主，一定是孿生的。法律能管的，也一定只能是底線。更高的要求，比如見義勇為、救死扶傷、相濡以沫、助人為樂等等，法律就管不着了，只能靠道德。這就導致了西方人的又一次簽約。只不過，這一回他們是跟上帝簽的，合同的內容是——上帝承諾：好人上天堂，壞人下地獄。

宗教誕生了，上帝面前人人平等。

當然，這次簽約希臘人並不在場。他們那一頁，已被歷史翻了過去。

奇怪！獨立自由的希臘，科學民主的希臘，陽光燦爛青春年少魅力四射的希臘，怎麼說沒就沒了呢？

衰落與復興

希臘衰落，是因為他們丟掉了自己的精神。

甚麼是希臘精神？獨立與自由，科學與民主。但，正如希臘的民主不徹底，他們的獨立、自由、平等也不完全。奴隸是不自由的，婦女是不獨立的，男人和女人也是不平等的。民主時代的雅典甚至有這樣的法律：與他人之妻通姦者將付出生命代價，強姦則只需要罰款了事。因為強姦只不過損害了婦女的權益，通姦則不但挑釁了男人的尊嚴，還可能導致其財產落入他人之手。比方說，蒙在鼓裏的丈夫稀裏糊塗把一個"野種"當成了自己的兒子。

請問，這又是甚麼混賬邏輯？

堅持混賬邏輯的結果，是走向自己的反面。希波戰爭之後，勝利了的雅典變得貪婪、自私、狂妄、不可一世和沒有節制。也許，在雅典人看來，他們有資格這樣。是的，波斯帝國的兩次進攻都被打退了，許多島嶼紛紛參加了雅典為首的希臘同盟；而他們自己的城邦，則在伯里克利任首席將軍的十五年間，風光無限達到鼎盛，號稱"希臘人的學堂"。

於是雅典人認為，他們可以稱霸。

稱霸的結果是爭霸，是同盟國的反抗，斯巴達的不滿，以及長達二十七年之久的"伯羅奔尼撒戰爭"。然後，是馬其頓的乘虛而入，諸城邦的名存實亡。再後，是整個希臘變成群雄逐鹿的戰場，最後併入羅馬的版圖。

顯然，希臘的衰落和滅亡，是從雅典謀求海上霸權之時開始的。在這天，他們恃強凌弱，自己背叛了自己。

希臘精神被希臘人弄沒了，留下的只有"精神遺產"。

但，這又是多麼寶貴的遺產啊！在古羅馬的立法和司法，在英國的"自由大憲章"和國會，在意大利的文藝復興，在尼德蘭的第一個資產階級共和國（荷蘭共和國），在法國的《人權宣言》，我們都能看到它的閃光。

還必須說說歐洲封建時代的"城市自治"。

所謂"城市自治"，簡單地說，就是一個城市的市民"湊份子"，出錢向國王買一張"特許狀"。有了這張特許狀，市民就可以聯合成社團，有權用社團的印章簽訂協議，並擁有自己的市政廳、法院和市外屬地，自己管理自己的城市。他們甚至可以不必理睬帝王的訓令和國家的法律。最過分的時候，某些地區的自治城市還會組成聯盟，發動反對皇帝或國王的戰爭。

說白了，城市自治，就是市民的"聯合贖身"。

這可是我們中國人聞所未聞的事情，然而意義極其重大。它不但意味着市民已經成為一個階級（市民階級），而且意味着他們有了政治的訴求和執政的能力。市民階級是資產階級的前身，城市自治則是資本主義的前兆。當這樣一種自由的力量足夠強大時，歐洲的封建社會也就壽終正寢。

但，城市能夠自治，又有兩個原因。一是在古希臘，獨立自主的城邦原本就是自治的。這個傳統雖然斷斷續續，卻一直延續了下來。二是從古羅馬一直到後來，無論西方世界的國家體制和國家形式如何變化，契約和法治的精神都貫穿始終。就連歐洲各封建君主跟封臣的關係，也由契約來規定。有這兩個前提，一種新型的國家和全新的建國方式，就遲早會誕生出來。

她的名字，就叫"美利堅合眾國"。

費城對接雅典

美國，是希臘城邦的"轉世靈童"。

同希臘人一樣，美利堅人的建國史，也跟航海、殖民、經商密不可分。實際上，美國的前身，原本是 13 個分成三類的"英屬殖民地"。第一類是英國國王封的，叫"領主殖民地"，比如馬里蘭。第二類是國王頒發特許狀，由商業公司建的，叫"公司殖民地"，比如弗吉尼亞。第三類是自由移民根據自己的契約建起來的，叫"自治殖民地"，也叫"契約殖民地"，比如羅德島和康涅狄格。

但無論哪種，都是自治的殖民地。英國國王雖號稱享有主權，卻其實是"主權王有，治權民有"。13 個殖民地之間，既沒有隸屬關係，也沒有統一體制。有靠盟誓或契約來管理的，有把所有程序都交給憲兵司令的，還有種甚麼莊稼都由官方說了算的。它們之間，不但風馬牛不相及，有的還老死不相往來。

唯一的相同是核心價值觀——獨立、自由、平等。

就說馬薩諸塞。

1620 年，荷蘭的部分英國分離派教徒乘坐"五月花號"輪船，經過 66 天的海上漂泊，到達計劃外的馬薩諸塞（原計劃是弗吉尼亞）。上岸時他們一共 102 人，但一個冬天的寒風就帶走了 58 條生命。第二年春天，當五月花號再次來到這裏時，船長卻驚詫地發現，那些正在垂死掙扎的人，居然沒有一個肯跟他回到"文明的"英國。原因很簡單：在這裏能獨立，在這裏有自由。

這可真是"不自由，毋寧死"。

難怪這些苦難而勇敢的人們，會被美國人視為自己的精神先驅，儘管他們不是最早的北美移民。事實上，馬薩諸塞一直是獨立運動的策源地，自由精神的踐行者。正是他們，制定出第一份體現了"主權在民"思想的文件——《五月花公約》；也正是他們，倡議召開了"反印花稅法大會"，向英國政府的橫徵暴斂說"不"。他們把成噸的英國茶葉扔入海中，因為自由比便宜茶葉更重要。英國人封閉了他們的波士頓港之後，沒有一個失業的工人應聘去修英國兵營，沒有一個貧窮的農民賣糧食給英國軍隊，因為他們寧肯一無所有，也絕不出讓自由。後來的獨立戰爭首先在馬薩諸塞打響，並不奇怪。

這種精神是馬薩諸塞人的，也是所有美利堅人的。所以，他們會打破慣例坐到一起，兩次在賓夕法尼亞的費城召開"大陸會議"。他們當然也會在戰爭勝利後就一鬨而散，拖了好幾年才在費城召開制憲會議。因為聯合是為了獨立，作戰是為了自由，怎麼可能在趕走英國國王以後，又造出一個"美國國王"？

因此，儘管他們後來還是制定了聯邦憲法，建立了聯邦政府，但他們的建國日卻是通過《獨立宣言》的 1776 年 7 月 4 日。顯然，在美國人看來，國家精神遠比國家形式重要。或者說，最重要的是國家精神，其次是憲法，然後才輪到國會、最高法院和總統。

這就是"美國精神"，同時也是"希臘精神"。獨立、自由、平等，科學、民主、法治，一以貫之，薪盡火傳。

路漫漫其修遠兮，從雅典到費城。

讓我們重溫一遍那不朽的宣言吧——

我們認為以下真理是不言而喻的：人人生而平等，造物主賦予每個人一些不可剝奪的權利，其中包括生命權、

自由權和追求幸福的權利。正是為了保障這些權利，人類
才在自己中間建立起政府……

　　為甚麼要有國家？現在可以搞明白了吧！
　　文明的秘密，也應該昭然若揭。

文明一旦誕生，巫術就功成身退。

希臘人把它變成科學，印度人把它變成宗教，中國人把它變成禮樂。

第四章

謝絕宗教

我們不是倖存者

　　當西方文明的"五月花號"從雅典啟航，途經羅馬、君士坦丁堡、倫敦和阿姆斯特丹，終於抵達費城時，世界上那些最古老的文明都怎麼樣了？

　　大多不辭而別。

　　文明的隕落，幾乎是普遍性和規律性的。

　　最早衰亡的，是西方史學界所謂的"古代文明"。奧爾梅克，莫名其妙地消失在中美洲熱帶叢林，不知去向；哈拉巴，在印度河流域人間蒸發，原因不明；蘇美爾、阿卡德、巴比倫和亞述，早就掩埋在黃沙和土丘之中，了無陳跡；克里特，則被後來的征服者邁錫尼人打掃得一乾二淨，盪然無存。至於埃及，沃土還是那片沃土，河流也還是那條河流，但民族已不是那個民族，文明也不再是那個文明。作為運氣最好的一家，古埃及也只留下了西風殘照，以及並非漢家的陵闕——金字塔，還有躺在裏面的木乃伊。

廢墟上出現的是第二代，即西方史學界所謂的"古典文明"。它們的命運五花八門。有的戛然而止，比如瑪雅；有的化為灰燼，比如波斯；有的頑強堅守而終至毀滅，比如拜占庭；有的從小到大走向世界，比如阿拉伯；也有的浴火重生東山再起，通過文藝復興接軌現代，比如希臘和羅馬。

遠隔重洋的美洲，則是另一番景象。尤其是奧爾梅克、瑪雅、特奧蒂瓦坎和阿茲特克，幾乎個個都是謎團。他們都處於石器時期，最早學會了種植玉米，吃辣椒，喝可可，崇拜太陽神，建金字塔，蓋羽蛇廟，有極高的數學水平、豐富的天文知識和極其複雜的曆法，卻又野蠻地用活人獻祭。[1]

這是一種怎樣的文明？

他們是來歷不明的。考古發現顯示，奧爾梅克文明幾乎一夜之間在沼澤地裏崛起，只有後果沒有前因。特奧蒂瓦坎人更是奇怪。他們的"聖城"據說是按照太陽系的模型建造的，建造者自己卻神秘失蹤，只留下一座空城。難道特奧蒂瓦坎真是外星人的遺族，奧爾梅克真是殷商的遺民？[2]

　　文明的道路從來就不千篇一律，也沒有一定之規。

　　中華文明就更是特立獨行。

　　中國不像印度，前有古代文明，後有古典文明。中國也不像希臘，前面有克里特文明，後面有古羅馬文明。中國當然更不像美索不達米亞，阿卡德人、巴比倫人、赫梯人、亞述人、波斯人、馬其頓人、羅馬人、阿拉伯人、蒙古人、突厥人和西方人"輪番為治"。創造中華文明的始終是同一個民族，只不過一直在發展壯大，不斷有新鮮血液增加進來。但這正如所有的長江大河，儘管沿途有支流匯入，卻並不能改變主流的性質。

　　這個主流，起先叫夏，後來叫華夏，現在叫中華民族。

　　我們創造的也只有一個文明，即中華文明。這個文明從夏、商、周一直延續到近現代，三千七百年不曾中斷。這裏面沒有斷層和空白，也沒有隕落和衰亡。沒錯，被西方人視為"古代文明"的商，有可能是個異端或異類。但這也只是一個民族在他的青春期有那麼一點"逆反心理"，曾經離家出走，在外撒野而已。很快，他就會回到那"四世同堂"的大家庭。家譜裏面，仍然有他的一席地位。

　　中華，不是甚麼"古老文明的倖存者"，她原本就有頑強的生命力。

　　同樣，古代文明、古典文明、現代文明的三段論，也不符合中國國情。[3] 但以其他文明為參照系，則是可行的，也是必要的。

比如印度。

翻過喜馬拉雅

印度與中國，有太多的相似。

從某種意義上講，中國和印度也都是"美索不達米亞"，即"兩河之間"。中國的兩河，是黃河、長江；印度的兩河，則是印度河、恆河。但西亞那個兩河流域，是四通八達一馬平川的兵家必爭之地，中國和印度卻與世隔絕。在冷兵器時代，好戰的西方蠻族對這兩個地方其實鞭長莫及。很少有一種無比強大的力量，能夠徹底摧毀我們。於是，兩種同樣古老的文明，便在歐亞大陸的東端和南部，各自獨立地發展起來，並堅韌不拔地走到了近現代。

相看兩不厭，唯有敬亭山。

但喜馬拉雅一山之隔，中華與印度又呈現出諸多不同。

印度人的文明在中國的商王盤庚遷都於殷時，就已經更新換代。第一代據説是達羅毗荼人創造的，叫"印度河文明"，也叫"哈拉巴文明"。第二代才叫"印度文明"，是雅利安人入侵後，在印度河和恆河流域創造出來的。印度河文明與印度文明之間，還留下了幾百年的空白。

我們的文明則沒有斷代，只有擴容。作為"文化圈"，夏的地盤很小，大約只在黃河中下游一帶。其他地區，並非"夏雅"，而是"蠻夷"。商的勢力範圍就大多了，已能挾青銅文化在南方建立據點。西周文化圈更大，影響所及，北至遼河，西至隴右，南至兩湖甚至兩廣，東則遠至今之江西、安徽、江蘇和浙江。[4] 當然，商人和周人，起先都只能在這些邊遠地區建立點狀的文化孤島。蠻夷們是各行其是的，比如四川的"三星堆文明"。但到後來，所有的小文化圈，包括巴蜀，包括閩粵，也都變成了中華文明的一分子。

國家的道路也兩樣。沒錯，印度也是從部落到國家。他們的部落叫"迦那"或"維什"，酋長叫"羅惹"。他們最早建立的也是城市國家，甚至也曾有過"列國時代"，類似於我們的"春秋戰國"。不過，印度的列國並沒有"天下共主"。而且，還既有君主國（主要在恆河平原），又有共和國（主要在旁遮普和喜馬拉雅山麓）。不像我們，從夏商周到元明清，都是君主制。

　　以後的航程就更不同。從秦漢開始，中國是統一長於分裂。混亂時間最長的魏晉南北朝，也只是半分裂狀態。印度則相反，是短暫的統一，長期的分裂。甚至從甘婆王朝到笈多王朝之間，竟有三百多年史實不清。最後，還變成了穆斯林的王朝和英國人的殖民地（見附錄表4）。

　　中華連續而聚合，印度鬆散而間斷。[5]

　　但分裂和入侵，卻並沒能中斷和消滅印度文明，這又是甚麼原因？

　　文化的力量。

　　歷史上的印度，其實是屢遭外族入侵的。從公元前518年開始，先後侵略過印度的有波斯人、馬其頓人、條支人、大夏人、安息人、塞種人、貴霜人、匈奴人、白匈奴人、阿拉伯人、突厥人、土耳其人、蒙古人，最後是葡萄牙人、荷蘭人、法國人和英國人。最奇怪的，居然是雅利安人自己的"孔雀王朝"和"笈多王朝"，都只有二百多年；突厥人的"德里蘇丹王朝"和蒙古人的"莫臥兒王朝"，反倒都有三百多年（見附錄表5）。

　　這就讓人大跌眼鏡！印度文明的延綿不絕，究竟是靠甚麼來維持和實現的？

　　宗教。

有光就有影

宗教，是印度人的生命線。

似乎沒有哪個民族像印度人這樣癡迷於宗教。他們可以沒有國家，也可以沒有民族，就是不能沒有宗教。他們甚至可以不必拘泥於一定非得是某種宗教。印度教、佛教、耆那教、伊斯蘭教和錫克教，都行。印度教分為吠陀教、婆羅門教和狹義的印度教，也行。沒有宗教，不行。

事實上，文明的嬗變，文化的傳播，政權的更迭，王朝的興衰，在印度都與宗教息息相關。孔雀王朝，是信奉佛教的。它的第三代君主阿育王放下屠刀皈依佛門後，派到鄰國的就不再是軍隊，而是弘揚佛法的高僧。這讓他得到了"轉輪聖王"的稱號，佛教也因此成為世界三大宗教之一。笈多王朝，則是信奉婆羅門教的。但跟孔雀王朝一樣，對所有的宗教都很寬容。結果是印度文化在這個王朝的治下達到鼎盛，堪比盛唐，產生了《沙恭達羅》那樣的偉大作品。還有外族建立的貴霜王朝，居然把佛教傳到了他們的故鄉中亞，然後又傳入了中國。

突厥人的德里蘇丹王朝，蒙古人的莫臥兒王朝，都以伊斯蘭教為國教。但莫臥兒王朝的第三代君主阿克巴大帝不但政策寬鬆，還娶信奉印度教的女子為妻，這又怎麼能不"天下歸心"？相反，採取高壓政策的德里蘇丹王朝，就遭到了南部印度教王公的反抗；莫臥兒王朝第六代君主強制推行伊斯蘭教，[6] 則加速了王朝的滅亡。他的宗教政策，只不過給鄰國和西方人的侵略留下了可乘之機。

阿克巴大帝曾經說，一切宗教都有光，有光就或多或少會有陰影。顯然，這位皇帝是英明的，他看得很透徹。

也許，還可以說說猶太。

猶太堪稱世界民族史上的一個奇蹟。沒有誰能像他們那樣，失去祖國一千八百年，流散世界十萬八千里，而民族猶存。這只能歸功於他們的文化，尤其是他們的宗教，那個世界上最早的"一神教"。事實上，只要相信自己的上帝雅赫維是"唯一的主"，相信先知的教誨，恪守教規，嚴守禁忌；那麼，無論他身處何地，也無論貴賤貧富、膚色黑白，他就是猶太人。

可惜，印度人和猶太人的經驗，對我們都不適用。

我們也是文化力量特別強大的民族。中華的歷史，是國家可以分裂，但文化依然如故；外族可以入主，但文化必須認同。因為"亡國"只關乎一家一姓一政權，文化的毀滅才是天大的事。因此，秦變成漢，隋變成唐，甚至宋變成元，明變成清，只要文化或文化精神不變，天下還是那個天下，中華還是那個中華。

但，我們的文化力量與宗教無關。

中國人，大約是世界上最沒有宗教意識、宗教觀念和宗教信仰的民族。佛教傳入前，中國人竟不知宗教為何物。佛教傳入後，最初也被看作"方術"。沒錯，中國人也曾崇拜鬼神。但很快，我們的態度就是非宗教的了。孔子的說法，是"祭如在，祭神如神在"；民間的觀念，是"信則靈，不靈則不信"。說到底，是實用主義的中庸之道。上帝存在嗎？鬼神存在嗎？冥冥之中確有神秘力量嗎？如果你覺得管用，那就只當他存在好了。

這，難道也是信仰，也是宗教？

信仰對於中國人，從來就不是必需。宗教也一樣。

這就有了三個問題：第一，宗教是從哪裏來的？第二，人家為甚麼要有？第三，我們為甚麼沒有？

巫術的兒子

宗教是巫術的"次子"。

巫術是人類最早的文化模式之一。在時間表上，只有工具的製造和使用排在它的前面。幾乎所有的民族在原始時代都有巫術。印度人的"四庫全書"《吠陀本集》，就有不少上古時期巫術的記錄。我們民族，更是如此。

巫術，為甚麼必須有？

為了肉體的生存，也為了靈魂的安頓。

肉體的生存無疑是第一位的，這就會有許多現實問題需要解決。如果技術手段不夠用或不管用，便只好病急亂投醫。比方說，天不下雨，就往天上潑水；人不生娃，就搞生殖崇拜。這就是"巫術"。

顯然，如果目的只是解決現實問題，巫術的辦法並不管用。所以，科學必然誕生。但即便是科學，也要"試錯"。巫術，就是人類的"集體試錯"。沒有巫術的千萬次試錯，我們就學不會天氣預報，也學不會人工降雨。可以説，正是巫術，把人類領進科學之門。

因此，巫術不是"偽科學"，而是"前科學"。

是的，科學前的科學。

科學，是巫術的"嫡長子"。

實際上，科學與巫術一脈相承。它們都認為，世界是有規律的，規律是可掌握的。人類一旦掌握規律，就可以控制事態，改變現實。只不過，科學掌握的規律是現實的，巫術卻很可能誤入歧途。這是科學終於取代巫術的原因。

然而人類卻不能過河拆橋。要知道，相對於科學已經掌握的部分，未知領域是一個更為廣闊的世界。因此，我們不能失去好奇心和敏鋭度，甚至不能不想入非非。好奇心害死貓，不好奇卻可能害死人。

巫術，恰恰代表着人類那根敏感的神經。

巫術探索世界的方法也許是錯誤的，也許而已。但科學的方法即便是正確的，也未必就是唯一的。至少，在科學誕生之前，巫術深刻地安慰了人類幾千年對不可知的恐懼，撫平了人類遭受飛來橫禍和無妄之災的創傷，使人類對未來的仰望變得溫柔和嚮往。

巫術，是原始人類的"心理醫生"。

因此，巫術還會有兩個"兒子"，這就是宗教和哲學。

因為科學並不萬能。

世界上有許多問題都是科學回答不了的，比如"第一推動力"，比如甚麼是幸福，甚麼是自由，甚麼是尊嚴，甚麼是人生的價值和意義。這都是人類不能不思考的問題，而且只能拜託宗教和哲學。

宗教和哲學延續着巫術對未知世界的觸摸，只不過方式不同。哲學是對超現實超經驗之抽象問題的思考，宗教則是對超自然超世俗之神秘存在的相信。所以宗教靠信仰，哲學靠思辨，科學靠實驗，工具靠使用，巫術則靠操作，同時也靠幻想和直覺。巫術，就是直覺、幻想，再加操作。

所以，巫術還有一個"女兒"，這就是藝術。藝術與巫術的血緣關係，在美學界早已不是秘密。也就是說，人類文化發生的次序，就是從工具到巫術，再到科學、宗教、哲學、藝術。

巫術，是人類文明的"胎盤"。[7]

所有的胎盤都會功成身退。

退出歷史舞台的巫術除了變成藝術，還有三條出路：變成科學，希臘是這樣；變成宗教，印度是這樣；變成哲學，希臘、印度、中國，都是這樣。

只不過，希臘是從科學到哲學，印度是從宗教到哲學，中國則有另一條路要走。

問題是：為甚麼會這樣？

沒有國界的國家

先看印度。

有着莊嚴蕭穆之聖山（喜馬拉雅）、奔流不息之聖河（恆河）的印度，似乎命中注定要成為宗教大國。因為那裏有太多西方聞所未聞，中國絕不會有，其他民族也完全無法想象的東西。

比如"種姓制度"。

種姓制度是印度的"土特產"。簡單地說，就是把人分為四個等級：婆羅門（祭司）、剎帝利（國王和武士）、吠舍（平民）、首陀羅（奴隸）。這就叫"種姓"，梵語叫"瓦爾那"，意思是"顏色"。因為雅利安人的皮膚是白的，被征服的土著則是深色。此外，還有"旃荼羅"（賤民），是"不可接觸者",比首陀羅地位還低。種姓與生俱來,世襲不變;種姓之間則壁壘森嚴,嚴禁通婚。制度最嚴的時候,一個"賤民"如果不小心被高級種姓的人看見,就得躲起來自殺謝罪。

這是典型的不平等制度。

為這種制度提供思想武器、理論依據和精神支持的,是婆羅門教。唱對台戲的,則是佛教、耆那教和錫克教。佛,就是"覺悟者";耆那,就是"勝利者";錫克,就是"學習者"。他們也都是種姓制度和婆羅門教的"反對者"。是啊,佛性常在,眾生平等,每個人的血都是紅的,為甚麼要分等級?神在乎的只是你的"覺悟"、你的"勝利"、你的"學習",而不是你的"出身"。[8]

自由平等的旗幟,終於被高高舉起。

佛教和耆那教創立之日,也正是孔子大講仁愛之時。但到中國的西晉變成東晉那會兒,改革後的新婆羅門教(印度教),卻在笈多王朝的大力支持下勃然復興,以壓倒性優勢捲土重來,最後變成印度共和國的第一宗教。

這,又是為甚麼?

道理也很簡單:孔雀王朝滅亡後一千多年間,印度半島北部飽受外族的侵略和蹂躪。強烈的民族主義情緒,催生了雅利安人強烈的民族認同感。這是需要宗教力量的。慈悲為懷的佛教,苦行主義的耆那,顯然不合時宜。能夠完成這一歷史使命的，只有雅利安色彩濃厚鮮明的婆羅門。

身份認同，同樣重要。

比如猶太。

如果說印度人面對的是"苦惱"，那麼猶太人面對的就是"苦難"。沒有哪個民族像他們那樣災難深重，一次次妻離子散，一次次國破家亡。也許，只有耶路撒冷第二聖殿遺址上的那座"哭牆"，才知道他們流過多少淚水。[9]

事實上，猶太教的真正創立，就在他們集體受難之時。公元前 586 年，也就是釋迦牟尼出生前二十年，中國春秋的楚共王討伐鄭國那年，耶路撒冷被新巴比倫國王尼布甲尼撒夷平。從國王、貴族、祭司到工匠，上萬猶太人被戴上手銬腳鐐擄往巴比倫，史稱"巴比倫之囚"。

這就太需要"救世主"，也太需要"認同感"了。《舊約》的前五篇，即所謂"摩西五書"，就是在這個時候由他們的"先知"整理編寫出來的。於是就有了這樣的奇蹟：不可勝數的弱小民族一旦國家滅亡、人員流散，就再也不可能作為一個民族而存在；唯獨猶太人，即便再流亡一千八百年，也依然會作為一個偉大的民族，自立於世界之林。

現在，我們知道宗教能給人們甚麼了。

第一是"安全感"，因為有神的保佑和庇護。第二是"自由感"，因為真正的信仰只能發自內心。第三就是"身份認同"。對於宗教徒而言,説"我是佛教徒",就跟説"我是泰國人"沒甚麼兩樣,甚至還更親切。

宗教,是沒有國界的國家。

那麼,我們民族為甚麼沒有宗教,也不需要宗教?

天上人間

因為中國人是"天下主義者"。

甚麼叫"天下主義"？就是"世界主義"，或"人類主義"。在天下主義者看來，國家不過是天下一份子，就像大家族中的小家庭。因此，真正的人，只屬於天下，不屬於國家。

這，至少是春秋戰國時期中國人的觀念。那時的士人（知識分子），都是跑來跑去的。孔子、墨子、孟子、荀子，概莫能外，也從未有人罵他們是漢奸。最愛國的孔子，也不過是離開別國走得快一點，離開魯國時磨磨蹭蹭，走得慢一點。但周遊列國、朝秦暮楚、改換門庭，則毫無問題。

好嘛！國家都可以不要，還要甚麼宗教？

其實，別具一格的還有希臘。

希臘人也是"天下主義者"。他們的城邦原本就是殖民的結果，做一個外籍居民最嚴重的後果，也只是沒有參政議政的公民權。但這頂多讓他成不了"雅典人"，卻並不妨礙他成為"希臘人"。

希臘，也是"天下"。

那麼，希臘人有宗教嗎？

有，但至少有一半是用來玩的。

希臘和埃及都是多神教，但埃及的神"半人半獸"，希臘的神"半神半人"。人身上的七情六慾，包括所有毛病和弱點，他們的神都有。從爭權奪利到爭風吃醋，從胡言亂語到胡作非為，偷情、使壞、惡作劇，奧林匹斯山上的諸神哪一樣沒幹過？最後，神的所有錯誤和壞事，都被編成悲劇或喜劇隆重上演，供人欣賞。

每一次祭神的慶典都是人的狂歡。

希臘人，把宗教變成了藝術。

與此同時，或者更早一點，他們也把巫術變成了科學，甚至變成對純粹真理的思考。他們的科學，是"為科學而科學"的；他們的思考，也是"為思考而思考"。因此，他們又從科學走向了哲學。事實上，哲學在亞里士多德那裏，就叫"物理學之後"，中文翻譯為"形而上學"。

這就跟印度人不太一樣。

印度人是先把巫術變成宗教，再把宗教變成哲學的。因此，印度人的宗教尤其是佛教，極具哲學意味；他們的哲學也極具宗教意味。包括他們的非暴力主義、轉世輪迴和因果報應，還有瑜伽，都帶有神秘主義的色彩。

印度，似乎是一個靈魂不滅的國度，一座建在人間的神殿，一條永遠潔淨的聖河。在那裏，你能聽見來自天國的聲音，就像猶太先知、耶穌基督和默罕默德能夠直接得到神啟。

猶太人和印度人，在天上；希臘人和中國人，在人間。

一直生活在人間的中國人甚至部分地保留了巫術。民間喜歡的口彩，皇家喜歡的祥瑞，便都是巫術的遺風。當然，進入文明時代以後，巫術不再佔據舞台的中心，它也要變。只不過，既沒變成科學，也沒變成宗教。

那又變成了甚麼？

禮樂。

巫術變成禮樂，就是變成道德和審美，或倫理與藝術。其他民族依靠宗教去實現的功能，在中國就靠禮樂來完成。禮的任務是維持秩序，給我們安全感；樂的作用是保證和諧，給我們自由感；中華民族獨有的禮樂文明，則幫我們實現身份認同。

所以，我們沒有宗教，也不需要宗教。

　　實際上，從巫術到禮樂，在中國就像從部落到國家一樣自然，只不過時間要晚得多。準確地說，那是周人智慧的體現。因此，我們現在還不能討論禮樂。因為歷史舞台上還有一些明星沒有退場，必須交代它們的去向。

　　比如圖騰。

國家一旦誕生，圖騰就鞠躬謝幕。

埃及人把它變成神，羅馬人把它變成法，中國人把它變成祖宗。

第五章

告別圖騰

神佑尼羅河

正如許多民族在氏族時代都有巫術，他們在部落時代也有圖騰。

比如埃及。

跟中國、印度、美索不達米亞不同，埃及不是"兩河之間"。埃及人只有一條母親河，那就是尼羅河。在上古時代，尼羅河就像一條珠鏈，從南到北連綴着大大小小珍珠般的幾十個聚落。這些聚落，古埃及人叫"斯帕特"（spt），希臘人叫"諾姆"（nomos），中文則翻譯為"州"。它們原本是部落，後來變成了國家。古埃及文明，就從這裏誕生。

變成國家的"斯帕特"或"諾姆"，起先是部落國家，也是城市國家。他們都有自己的保護神。其中不少是動物，比

如鷹、蛇、狼、公牛、獅子、鱷魚、朱鷺；也有的“半人半
獸”，比如厄勒藩丁的克努姆神，就是羊頭人身。

　　哈！埃及跟中國一樣，也有“羊人”。

　　他們的“伏羲時代”或“炎帝時代”，也是“群魔亂舞”。

　　沒錯，遠古原本就是牛鬼蛇神的舞台。他們的鷹神、蛇
神、鱷魚神、朱鷺神等等，最早也都是圖騰，甚至生殖崇拜

◎古尼羅河流域圖

的象徵。進入文明時代後，就變成了
國家的保護神。

　　這是一個重大的轉變。

　　轉變是必然的，也是必需的。人
類發明圖騰的目的，一是要"變母系
為父系"，二是要"變氏族為部落"。
因此，國家一旦誕生，它們就該鞠躬

◎厄勒藩丁的克努姆神

謝幕，就像巫術必須變成科學、宗教或禮樂。

　　問題只在變成甚麼。

　　埃及人的選擇是把它們變成神。這當然是最順理成章
的。因為圖騰原本就極具神秘色彩，是能夠讓氏族的老祖母
神奇懷孕的神秘物。它也原本就享有神的地位和尊崇。比方
說，不能吃圖騰動物的肉，不能以粗暴、猥褻和戲弄的態度
對待它們，它們死後要舉行隆重的葬禮等等。

　　圖騰變神，豈非輕而易舉？

　　何況對於君主國，這樣做最合適，也最合算。因為君主
制，就是"主權在君，君權神授。"所以歐洲那些君主登基，
都要教皇來加冕。但如果國王是"神的兒子"，那就連授權
的程序都不用走了，豈不便當？

　　再說這一點都不難。從部落到國家，從圖騰到神，對於
民眾來說，不過是族民變國民，族徽變國徽；對於君主來說，

則不過族長變酋長，酋長變國王。圖騰，原本就是部落的祖先。酋長，當然是"圖騰的兒子"。因此，只要順便把圖騰變成神，就一切 OK。埃及的神從動物變成半人半獸，最後又變成人形，道理就在這裏。

這確實神！

也許，正是依靠這種"神力"，埃及從部落國家到統一王朝，只用了短短幾百年。公元前 3100 年，世界上大多數民族還沒睡醒的時候，納爾邁（美尼斯）就兼併上下埃及，建立了"第一王朝"。跟中國相比，不但時間早得多，進程也快得多。此後至少還要一千年，中國傳説中的夏才會出現，而且還只相當於埃及的"諾姆國家"。秦始皇一統天下，則要到兩千八百多年後。那時，埃及早就先後被波斯和馬其頓征服，只剩下落日餘暉了。[1]

奇怪！這個"神佑之國"怎麼會亡？

成敗都是它

因為埃及的神是圖騰變的。

圖騰不能變成"國家神"嗎？不能。圖騰與族民是甚麼關係？血緣關係。國家與國民又是甚麼關係？公共關係。部落是由氏族組成的，氏族則由血緣來組織。部落與國家的區別，就在於部落成員都相信自己是同一圖騰的後代，國家則必須"按照地區來劃分居民，使用權力來處理事務。"因此，原則上講，變部落為國家，就必須同時變革圖騰。首先，必須把所有部落的圖騰都一筆勾銷。然後，要麼取其部分重塑一個，比如中國的龍；要麼乾脆直接另造保護神，比如競爭上崗的雅典娜。

可惜，埃及沒能這樣。

　　埃及人的做法，是把所有的圖騰全部變成了神，正如他
們把所有的部落直接變成了國家。於是，原來有多少部落，
後來就有多少諾姆；原來有多少圖騰，後來就有多少神。如
果這諾姆是部落聯盟，那麼，同一諾姆還會有許多神。再加
上後來創造添加的，古埃及的神據說竟有兩千之多。

　　不對吧？幾十個諾姆，怎麼會有兩千多神？

　　有兩個原因。首先，他們的神原本就多，差不多每個村
社就有一個，類似於我們的土地公公。其次，古埃及人對待
宗教的態度極其開放和開明。他們不但一視同仁地看待其他
諾姆的神，就連外國的神來了，也願意與之共進晚餐。

　　好嘛！這麼多神，誰說了算？

　　主神。

　　主神也有兩種。一種是地方性的，一種是全國性的。那
麼，誰是全國性的主神？哪個諾姆是江湖老大，他們的神就
是主神。比如荷魯斯，原本是提尼斯的保護神。提尼斯的國
王納爾邁（美尼斯）"一統天下"後，荷魯斯就成了上下埃及

◎頭戴太陽盤的公羊首阿蒙神
　盧克索的卡爾納克神廟

共同的主神。當然，為了讓大家都接受，必須在這只鷹的頭上加一個太陽，因為太陽神是古埃及人都崇拜的。後來，底比斯變成老大了，底比斯的阿蒙就成了主神。阿蒙曾經有過各種形象，有時是一隻鵝，有時是一條蛇，有時是一頭羊。但最後，它的頭頂也升起了一輪紅日。

也就是說，只要自己的神變成了全埃及的太陽神，就坐穩了江山。

但，老大是輪流坐莊的。於是，古埃及就會有許多主神，甚至會有許多個太陽神——拉、荷魯斯、阿蒙、阿吞，等等。

這就意味着"皇帝輪流做，明年到我家"，豈能不亂？

更何況，無論誰當法老，都得堅持"君權神授"，也都得巴結討好神廟和祭司。神廟和祭司如果強勢，法老就會從神子變成神奴。[2] 比如十八王朝有一位女王跟她兒子（同時也是她的堂兄弟）爭權奪利，後來把她兒子扶上王位的就是祭司。[3] 顯然，王朝後期的祭司就像中國東漢的外戚、晚唐的宦官，有廢立皇帝之權，至少不難架空法老。最後，阿蒙神廟的某個祭司乾脆篡奪了法老的王位，埃及也從此進入"後王朝時期"。[4]

說起來這也是法老們自作自受。因為神廟和祭司原本就是他們自己養肥的，誰知道竟會尾大不掉？但他們又不能不仰仗神廟和祭司。因為他們統治的合理性，政權的合法性，都來自神，而且是圖騰變成的神。

　　神權政治，注定只能飲鴆止渴。古埃及政治的成敗，也全在圖騰變神。

　　那麼，它就不能變成別的甚麼嗎？

　　能。比如羅馬。

法治羅馬

羅馬人的轉變最不可思議，他們把圖騰變成了法。

這不奇怪。羅馬本身就是奇蹟。

沒錯，羅馬出現在世界舞台上時，起初是一點都不顯眼的。公元前 753 年羅馬開始建城那會兒，埃及人早就蓋起了金字塔，波斯人早就發明了拜火教，印度的《吠陀本集》早已完成，中國則進入了東周。就連希臘，也已經舉辦了六屆奧林匹克運動會。這時的羅馬，算甚麼呢？

蕞爾小邦。

羅馬的弱小，甚至讓他們躲過了許多劫難，因為沒人把他們放在眼裏。然而很快，他們就讓世界刮目相看。勃然雄起的羅馬，掃平了意大利，佔領了西班牙，征服了阿拉伯，把諸多文明古國盡收囊中。馬其頓、敍利亞、希臘、埃及，都變成了羅馬的行省，迦太基甚至還被改名為“阿非利加”。[5]
由此，羅馬得到了一個雅號——“世界的征服者”。

不過，儘管羅馬人把地中海變成了自己的內湖，但如果僅此而已，他們也頂多只是英勇善戰的騎兵，開疆闢土的漢子，甚至殺人如麻的武夫。然而羅馬對世界的貢獻，卻不在武化，而在文化。至少在西方人那裏，羅馬絕不僅僅只是一座城市，一個國家，一段歷史，更是一種文化和精神。

那麼，羅馬留給世界最寶貴的遺產是甚麼？

基督教，羅馬法。

也許，這才是羅馬征服世界的利器，永垂不朽的原因。是的，自從安東尼和埃及女王克婁巴特拉兵敗自殺，屋大維被稱作“奧古斯都”，延續了五百年的羅馬共和國就終結了。之後的羅馬帝國，跟中國的兩漢並駕齊驅。他先是興盛，後是分裂，最後滅亡。西羅馬帝國，亡於中國的南北朝那會兒；東羅馬帝國，亡於中國明朝的景泰年間。[6]

羅馬的日子，夠長的了。

這麼長的日子，那麼大的地盤，羅馬人是靠甚麼來維持和維繫的？

契約。

作為“希臘人的好學生”，羅馬人把希臘人建立的契約精神發揮得淋漓盡致。基督教和羅馬法，都是它的集中表現。基督教，就是"與神簽約"。簽約有兩次，先簽的叫"舊約"，後簽的叫"新約"。羅馬法，則是"為人立法"。立法也有兩種，一種叫"公法"，一種叫"私法"。公法是處理國家事務的，私法是處理國民關係的。有了公法和私法，國家與國民，就各安其分，各得其所，不至於亂成一團。尤其是國民，既有安全感，又有自由感。因為當他們需要安全的時候，有法律保護；需要自由的時候，又公私分明。

國家的功能，被羅馬法成功地體現。羅馬作為國家，又豈能不成功？

明確界定"公私兩權"，合理處分公權力和私權利的法典，叫《民法大全》。它是由東羅馬帝國來完成的。其時，中國是南有南梁，北有北魏；歐洲則兵戎相見，烽火連天。這不能不讓人感慨繫之！是啊，羅馬人似乎天生就有法律頭腦和法律興趣。他們竟然想出這種辦法，來管理那龐大複雜的國家，而且在只剩下半壁江山時還樂此不疲。

法治，也許是羅馬的秘密所在。[7]

當然，法律不是唯一的，甚至不是最重要的。沒有羅馬軍團的鐵蹄，這一切都可以免談。羅馬，其實就像法國畫家熱羅姆筆下的共和政體：壯碩的女神左手拿着橄欖枝，右手拿着鋼刀，身後是一頭隨時都可能怒吼的獅子。

但，這跟圖騰又有甚麼關係呢？

並非圖騰的圖騰

羅馬法與圖騰的關係，在於"身份認同"。

的確，圖騰制度創立的初衷，原本是"變母系為父系，變氏族為部落"。但當它真的出現，卻有了一個意外的功能，這就是界定族民的身份。鷹圖騰的部落成員，都說自己是"鷹的後代"；龍圖騰的部落成員，都說自己是"龍的傳人"。鷹是鷹，龍是龍，這就是"區別"；你也是鷹，我也是鷹，這就是"認同"。這跟後來說"我是英國人，你是法國人"，或者"都是炎黃子孫，愛國不分先後"沒甚麼兩樣。說"法老是荷魯斯的兒子"，也不奇怪。

部落能夠變成國家，圖騰功不可沒。

但，圖騰變成神，好理解；變成法，想不通。圖騰是神秘的和具象的，法律則是理性的和抽象的。圖騰，怎麼會變成法，又怎麼能變成法？

秘密在人。

馬克思説得非常清楚：人到世間來，沒有帶着鏡子。他怎麼知道自己是人？只能通過他人。比方説，保羅是人。彼得發現自己跟保羅一樣，因此彼得知道自己是人。但這種方法靠不住。彼得要靠保羅證明，保羅又靠誰證明？靠彼得嗎？那就成了"相互論證"。於是保羅只能靠喬治，喬治只能靠瑪麗，瑪麗只能靠彼得，彼得只能靠保羅。這又成了"循環論證"。而且，只要其中一個"不是人"，整個證據鏈就會斷裂，結果大家都不是人。

人的確證，如何實現？

只能靠"超人"。

是的，超人。他必須是人，否則不能證明人是人；又必須超越一般人，否則不能證明所有人。圖騰正好符合這個標準。它是"族的祖先"，因此是"人"。它是動物、植物或者自然現象（比如電閃雷鳴），因此"不是人"。更何況，它還是神聖和神秘的，因此是"超人"。

可惜，圖騰局限嚴重。它只認本族，不認他族；只認族民，不認國民。羅馬面臨的便正是這個問題，他的國民是多民族和多元文化的。這就太難辦了！使用本族圖騰吧，其他民族不認；保留各族圖騰吧，天下分崩離析；乾脆不要圖騰吧，又無法認同身份。

幸虧羅馬人想到了法律。

法律為甚麼就能代替圖騰呢？因為羅馬法包括公法和私法，私法又包括人法、物法和訴訟法。人法的意義，就是從法律的角度界定了"甚麼是人"。羅馬法規定，"法律意義上的人"有三個條件：第一是"具備人格"，第二是"享有權利"，第三是"承擔義務"。其中，第一條又最重要。因為沒有"人格"，就不可能"享有權利"，也談不上"承擔義務"。

人格表現於法律，就是"權利"，即"身份權"。身份權有三種：自由權、市民權、家族權。自由權是基本人權，市民權是羅馬公民的特權，家族權則實際上是父權。一個人，如果沒有家族權，就不是"男子漢"；沒有市民權，就不是"羅馬人"；沒有自由權，那就"不是人"。

反過來也一樣。[8]

這就可以實現"身份認同"。因為一個自由人只要被授予市民權，他就是羅馬人。同樣，這也便於"國家治理"。因為只要剝奪一個人的身份權，他就可能成為"孤魂野鬼"，甚至"人民公敵"。[9]

只不過，這一切都是通過"界定法律地位"來實現的，因此是"以法治國"。而且，這個人原來屬於哪個國家、民族、階級，都變得不再重要。正如只要皈依佛門，就是"佛教徒"；信奉古蘭經，就是"穆斯林"。

宗教，是沒有國界的國家。

法律，是並非圖騰的圖騰。

既創造了法律（羅馬法），又創造了宗教（基督教），羅馬豈能不牛？

認祖歸宗

羅馬法，確實讓人歎為觀止。

這是一個邏輯嚴密、思路清晰的系統。公法與私法，私法更重要；人法、物法、訴訟法，人法更重要；具備人格、享有權利、承擔義務，人格更重要；自由權、市民權、家族權，自由更重要。安全、自由、身份認同，都能通過法律地位來實現，豈非"不是圖騰，勝似圖騰"？

事實上，法律也是"超人"。法律為了人、屬於人，因此是"人"。法律抽象普適，鐵面無私，六親不認，因此"不是人"。法律的尊嚴神聖不可侵犯，所有人在它面前都一律平等，因此是"超人"。

法律，又豈非"不是神祇，勝似神祇"？

　　以法律代圖騰，當然比"以神祇代圖騰"，棋高一着，智勝一籌。

　　中國人呢？圖騰在中國又變成了甚麼？

　　祖宗。

　　祖宗崇拜是最具中國特色的文化現象。傳統社會的中國人，最高的人生目標就是"光宗耀祖"，最起碼的社會義務則是"傳宗接代"；而一旦犯了錯誤，遭遇慘敗，受到制裁，則"愧對列祖列宗"。

　　那麼，甚麼是"祖宗"？

　　祖宗就是"最老的父親"。祖的甲骨文字形，就是一根露出龜頭勃然雄起的陰莖。它也就是"且"，起先是男性生殖崇拜的象徵。這樣的象徵物，世界各地都有，只不過在中國叫"祖"。石製的叫石祖，陶制的叫陶祖。後來這東西越做越大，就從雕塑變成了建築。印度的塔，埃及的方尖碑，其實都是。

◎甲骨文的"祖"
（前一‧九‧六）

◎甲骨文的"且"
（甲四一四）

很明顯，正如國和或是同一個字，祖和且也是同一個字。國家是由部落演變而來的，祖宗崇拜則源自男性生殖崇拜。

　　氏族變成部落以後，生殖崇拜就變成了圖騰崇拜；部落變成國家以後，圖騰崇拜又變成了祖宗崇拜。祖，則一貫到底。圖騰和祖宗都是男性的，祖當然要堅守崗位。只不過在圖騰時代，它要變成動物，比如蛇、鳥、牛、羊、龍等等。但骨子裏，還是那話兒。

　　顯然，祖，是父系制度和男權政治的象徵。

　　但，圖騰是把男性生殖崇拜神聖化，祖宗則是把圖騰崇拜世俗化。所以"祖"的形制和意義都要變。在氏族時代，它就是生殖器；到部落時代，就變成象徵物；到國家時代，則變成了宗廟和神主。

　　宗廟就是祖先的祭殿，神主則是祖先的牌位。神主應該是先有的，辦法是把男性祖先的符號刻在石祖或陶祖上。當然，他得對氏族有開創之功。後來，祖宗越來越多，性器也不再堂皇，就換成石牌和木牌，但仍然叫"祖"。為了供奉神主，又蓋起了房子，這就是"祖廟"或"宗廟"，簡稱祖和宗。宗字上面那個"宀"（讀如棉），就是房子；下面那個"示"，就是牌位。

　　這就是"祖"的新概念——神主和宗廟。神主就像圖騰一樣重要，宗廟則像祭壇一樣崇高。因此，建立氏族或家族，都要先建廟。以祖廟為中心，族長率族而居，叫做"籍"。祖立則籍立，祖在則籍在，祖毀則籍亡，叫"毀廟滅籍"。

這樣的籍，當然就叫"祖籍"。

進入國家時代以後，祖（祖廟或宗廟）便成了國家的象徵。以祖廟為中心，國君率民而居，叫做"國"。祖立則國立，祖在則國在，祖毀則國亡，叫"毀廟滅國"。這樣的國，當然就叫"祖國"。

華夏既然是"祖宗之國"，也就不會是天國、神國或者法治國。

那麼，華夏的體制是甚麼？

家天下

還是先看埃及。

埃及的部落變成國家後，很快就天下一統、中央集權了。而且，是統一在神的旗幟之下。至高無上的是太陽神，他是上下埃及共同的保護神，與上下埃及共同的君主法老相對應，叫甚麼名字則另當別論。太陽神之下，是全國性的"方面神"，比如尼羅河神（奧西里斯）、手藝神（普塔）、婦女神（尼費塞斯）。他們對應着中央政府各部門，相當於中國的"六部尚書"。

地方上，首先是上埃及和下埃及各有一個保護神，然後是各地區又有各地區的保護神，對應着各地方官。也就是說，埃及的神也是有"行政級別"的。他們的級別會隨着王朝的更替而調整，甚至形象都會跟着變化。

顯然，古埃及的政治體制，是"人神同構"。

中國則是"家國一體"。國是放大的家，家是縮小的國。君臣官民都是父子，四海之內皆為兄弟。君父、臣子、父母官、子弟兵，真是"好大一個家"。[10]

問題是，為甚麼會這樣？

因為我們跟埃及一樣，也是從部落直接變成國家的。我們並沒有像希臘人那樣，炸毀氏族血緣組織，然後"按照地區來劃分居民"，由公民重新組成國家。但是，我們又沒有像埃及人那樣，把圖騰變成神，而是變成了祖宗。因此，族民變成國民以後，依舊"四世同堂"，照樣"認祖歸宗"。

實際上，中國古代國家的建立和管理，一直就是家族式的。從西周到春秋，是三個層次的家族：天子的王族，諸侯的公族，大夫的氏族。它們也分別叫做王室、公室和氏室。秦漢以後，只剩下皇室和皇族。但在地方上，尤其是廣大農村，仍然祠堂遍地，家譜續傳。一個人要想安身立命，依靠的還得是父老鄉親。

這就叫"天下為家"，也叫"家天下"，或"家國體制"。

家天下，是中國人的一大發明。它解決了一個西方學者認為兩難的問題：要家庭還是要族群。按照他們的研究，家庭是族群的天敵。但凡家庭穩固的地方，族群一定鬆散；如果性交自由，則個體自然成群。因此，要麼開放家庭，給個體更多自由；要麼發明一種更高級的形式，把家庭融化在其中。[11]

中國人的家國體制，就是這樣一種"更高級的形式"。

如此說來，這種體制是最好的？

對不起，世界上沒甚麼最好，只有最合適。對於傳統社會的中國人，它也許是合適的。這種制度從西周一直延續到清末，就是證明。但傳統社會解體後，中國人六神無主，張皇失措，道德滑坡，不知何去何從，同樣是證明。

看來，還是黑格爾說得對：凡是合理的，就是現實的。反過來也一樣。因此，一種東西如果曾經長期存在，那就一定有它的合理性。同樣，如果它居然能夠毀於一旦，那就一定有不合理性。更何況，世上沒有任何東西是永恆的。羅馬城牆上刻的這句話，說得一點都不錯。

顯然，問題不在"好不好"，而在"為甚麼"。

那就回顧一下夏商周吧！

誰代表先進的文化，誰就代表"中國"，
也就能在古代文明的 T 型台上走貓步，
以"天下之中"自居，為其他民族做榜樣。

第六章

闖他一回紅燈

啟廢禪讓

沒有證據證明，夏並不存在。

由於考古學提供的實物證據不足，夏的存在一直遭到質疑。它甚至被懷疑是周人捏造出來的，目的則是為了證明推翻殷商的合理性和合法性。這當然有道理。問題是，如果沒有夏，殷商就成了"天上掉下來的林妹妹"，講得通嗎？[1]事實上，從堯舜到商，中間必有一個重要的轉折關頭和過渡時期。叫不叫"夏"，就像夏之前叫不叫"堯舜"，反倒是無所謂的。

同樣，把夏看作一個發育成熟的"王朝"，也是自作多情。不但夏不是，商和周也不是。準確地說，夏是"部落國家"，商是"部落國家聯盟"，周是"半獨立國家聯盟"。夏商周，可以叫"三代"，不能叫"三朝"。他們都不是統一國家，也不是領土國家，甚至不是完全成型的國家。獨立主權國家的出現，要到戰國。完全做到"按照地區劃分國民"和"依靠權力處理事務"，則要到秦漢甚至秦漢以後。標誌，就是"中央集權的郡縣制"。

之前，是漫長的成長期。

催生這古老文明的助產士是夏啟。由於夏的君主稱為"后"，所以又叫"夏后啟"。夏是國號，后是王銜，啟是人名。"后"不是前後的"後"，而是"誕育者"的意思。在傳說中，正是夏啟這位誕育者廢除了禪讓制，開創了世襲制，把堯舜時代的部落聯盟變成了部落國家，中華民族從此進入文明時代。

這就叫"啟廢禪讓"，是中國歷史上的第一次大革命。

啟，真是個好名字。

不過，司馬遷在敘述這段歷史時，恐怕很糾結。

作為歷史學家，太史公不能不實事求是；而儒家的影響，又像揮之不去的夢魘。按照儒家的說法，堯舜禹，都是溫良恭儉讓的。讓，十分重要。交權的要禪讓，接手的要謙讓。所以，舜接班，先要守喪三年，然後是避讓，一個人跑到南河之濱躲起來。讓誰？堯的兒子丹朱。可惜"同志們"不幹。各部落的酋長，談工作、打官司、唱讚歌，都找舜，沒人理睞丹朱。舜，這才正式接替堯，做了部落聯盟的 CEO。

這個程序，禹也走了一遍。只不過他是躲在陽城，避讓的則是舜的兒子商均。

不客氣地説，這是胡扯！

堯舜禹時代，制度不是禪讓嗎？父死子繼，不是還沒變成規矩嗎？那麼請問，舜和禹，憑甚麼要避讓前任的兒子？所以這事根本就子虛烏有。就算有，也是做秀，還是後來那些儒生幫他們做的。

其實這又何必！避讓，就一定是美德嗎？擔任部落聯盟的一把手，當然好處多多，至少能滿足男人的雄心和權慾。要不然，堯和舜為甚麼死不放手，夏后啟又為甚麼當仁不讓？但從法理上講，接過權杖，畢竟首先意味着責任和擔當，尤其是在那個多事之秋。那麼再請問：舜和禹的避讓，或謙讓，或禮讓，是負責呢，還是不負責？是有擔當呢，還是沒有？

何況就算想當老大，又如何？男兒本自重橫行。男人雄心勃勃就像他性慾旺盛，既不光榮，也不可恥，只不過正常。但如果裝腔作勢，就虛偽。可惜這種虛偽根深蒂固。後來曹操當魏王，曹丕做皇帝，便都"三讓之"。

這是一種惡俗。

永遠讓人尊敬的司馬遷，也未能免俗。

老調子已經唱完

不裝的是夏啟。

按照也許是編造出來的老規矩，禹在生前也指定了接班人，這就是"益"。禹去世後，益也蕭規曹隨，躲到了箕山之陽。然而故事卻並沒重演。酋長們都不理睬他，反倒成群結隊地擁戴啟當老大。啟也不客氣，受之無愧了。

老調子已經唱完，這戲演不下去。

如此結果，很讓儒家沒面子，可惜卻是鐵的事實。更何況，如果不承認世襲制的合理性，則漢武帝的合法性豈不也成了問題？

只好打圓場，說明"事出有因"。

司馬遷說，啟這個人，其實是很優秀的。不像堯的兒子丹朱、舜的兒子商均，扶不起來。再說，益當二把手的日子短，才幹和功勞都還沒來得及表現。所以酋長們都擁護啟，都說我們的領袖不愧為締造者大禹的兒子啊！[2]

好一個"吾君帝禹之子也"！扯來扯去，只有這句話說到了點子上。

是的。禹的兒子，這才是關鍵。

其實，前面講的那些，甚麼"禹子啟賢"，甚麼"佐禹日淺"，都不能自圓其說。啟優秀，難道益不優秀？不優秀怎麼能入禹的法眼？益當副手的時間短，難道啟的時間長？他可是一天都沒幹過。說到底，就因為世襲制勢在必行，此刻不過瓜熟蒂落，水到渠成。因此，就算益的資歷深、功勞大，比啟還要德才兼備，恐怕也沒用，除非益的實力大大超過啟。

實力才是資本，世襲才是趨勢。

事實上，啟廢禪讓之前，各部落的酋長恐怕已經世襲。這時，如果聯盟的老大還得"讓"，誰都彆扭。相反，能把禪讓制給廢了，則皆大歡喜。那些早已變成"各路諸侯"的傢伙，當然樂觀其成。

事不宜遲，順水推舟，夏后啟毅然"闖紅燈"。

結果怎麼樣呢？他成了"元后"。其他那些，則叫"群后"。當然，他們原本就叫"后"，比如后夔、后稷、后羿。但，名稱沒改，性質變了。過去是部落酋長，現在是國家元首。這就像古代印度，部落首領叫"羅惹"，邦國君主也叫"羅惹"。正所謂"藺相如，司馬相如，名相如，實不相如。"

當然，這時的國家還不成熟，只是雛形，因此只能叫"部落國家"。這樣的政治實體也一定很多，它們被稱為"諸夏"。諸，意思是"眾多"。諸多的部落國家都叫夏，並非成了夏的"王臣"，只意味着仿效和承認。

諸夏，是"文化的認同"。

不認同的，則叫"諸狄"和"諸羌"。

也有不服的。

不服的部落叫"有扈"，地盤在今天的陝西戶縣，跟夏啟原本一家子，都姓姒（讀如四）。他們的唱反調，是反對夏啟，還是反對世襲，不清楚，也許兼而有之。反正，這是敬酒不吃吃罰酒，必須用拳頭教訓。於是夏啟毫不猶豫地率兵討伐，並且下令說：奮勇當先的"賞於祖"，臨陣脫逃的"戮於社"。

文化密碼，就在這道命令裏。

夏啟所謂"祖"和"社"，指的都是牌位。祖是祖宗的牌位，叫"神主"；社是社神的牌位，叫"社主"。社神就是土地神，也就是"皇天后土"中的"后土"。古代行軍打仗，如果是元首"御駕親征"，就要用專車裝載這兩種牌位隨行，以便用神祇和祖宗的名義進行賞罰。夏啟的車上有祖，說明他們已經有了祖宗崇拜，甚至早就有了。早到甚麼時候？堯舜。因為堯舜都沒有圖騰。沒有圖騰，崇拜甚麼呢？也只能是祖宗。

　　祖宗崇拜跟世襲制度，是相輔相成互為表裏的。它甚至就是世襲制度的文化準備、思想準備和輿論準備。因為一旦確立了祖宗的地位，領導人的選舉和禪讓就不再可能。想想也知道，天底下哪有"選爸爸"和"換祖宗"的？

　　也許，我們的故事就該這樣講下去，如果不是有了"商"。

誰代表中國

商也是一個"闖紅燈"的。

闖紅燈並不奇怪，因為這就是他的"歷史使命"。

正如堯舜禹是"三個代表"，夏商周也不是"三個王朝"。堯舜禹與夏商周，分界線是國家的誕生。堯舜禹代表之前的部落聯盟，夏商周則代表之後的初級階段：夏是草創，商是探索，周是形成。進入西周後，國家就是國家，不再是部落。但即便是西周，也只有城市國家，沒有領土國家，更談不上"中央集權，天下一統"。因此，夏商周都不是"朝代"，而是"時代"。

時代總要終結，集權則是趨勢。春秋是準備，戰國是實驗，秦漢是完成。之後的唐宋元明清，是調整、鞏固、充實、提高。再後，鴉片戰爭、甲午戰爭、十月革命三聲炮響，這個時代也終結，中國又走到了今天。

不同的時代有不同的文明和文化，夏商周也一樣。

事實上，夏商周不但是三個階段和三個時代，也是三種文化和三種文明。創造它們的，則是三個民族：夏族、商族、周族。當然，他們起先都不是民族，充其量是"部族"。

這三個部族，應該大體上同時起源。司馬遷說，夏的始祖禹，商的始祖契（讀如謝），周的始祖棄，都是堯舜聯盟的"內閣成員"。這個說法，並非一點影子都沒有。張光直說，夏商周三代相繼又三國並存，則完全可能是事實。

奇怪！並存的三家，怎麼會是"三代"？

關鍵在於"誰代表中國"。

甚麼叫"中國"？古人所謂"中國"，首先不是政治概念，而是文化概念，意思是"世界文化中心"。這個中心的地理條件是要在中原，因為這是古人心目中的"天下之中"。建立在這個地方的城市，就叫"中國"。

當然，所謂"中原"，有一個較大範圍；"中國"所在，也有彈性。比如夏啟都安邑，在山西；夏桀都洛陽，在河南；商湯都亳（讀如博），在山東；盤庚遷殷，又在河南。他們都是多次遷都的，所以商又叫"殷"或"殷商"。周的都城則有兩個，一個叫"宗周"（長安），在陝西；一個叫"成周"（洛陽），在河南。反正，夏商周的都城在哪裏，哪裏就是"天下之中"，就是"中國"。

問題是，憑甚麼歸他們說了算？

因為綜合國力最強。

文化從來就是"趨炎附勢"的。誰是江湖老大，大家就跟誰學。何況綜合國力最強的，往往文化水平也最高，至少當時是這樣。何況夏商周，也會有意識地推行，體面的說法叫"以文明去教化"，簡稱"文化"，是動詞。為此，他們甚至不惜動用武力，先"武化"，再"文化"。劉向的《說苑·指武篇》講得很清楚，"文化不改，然後加誅。"也就是說，我好心好意用文明去教化你，你還死不改悔，那就看刀！

文化，就是"和平演變"。

和平演變的背後，則是武力的征服。所以，商周都要發動戰爭。但，只征服，不消滅。商人的做法，是先驅逐，後同化；周人的做法，則是先安頓，再同化。總之，所謂"三代"，其實是夏商周先後取得了文化的主導權，在歷史舞台上唱主角。原因，則因為"後來居上"，這才"輪流坐莊"。

顯然，所謂"中央之國"，其實就是個"T型台"。夏商周，都要粉墨登場走貓步，擔任中華文明的模特兒，給周邊民族做榜樣。

不同的，是風格。

甲骨文與青銅器

殷商文明，詭異而絢爛。

詭異絢爛的殷商文明，青銅鑄就，甲骨繪成。

的確，正如羅馬最寶貴的遺產是基督教和羅馬法，殷商最偉大的發明是青銅器和甲骨文。尤其是甲骨文，它就是現代漢字的直系祖先。也許，我們已經無法知道它們的讀音，但能夠知道它們的意思，因為不是拼音文字。而且，正因為不是拼音文字，當時那些說着不同方言的部落或部落國家，才有可能迅速地接受殷商文明，中華文明也才能延續三千多年不中斷。[3]

漢字，確實是一種神奇的符號。

神奇也不奇怪，因為它原本就是"通神"的。通神在古代，是一件大事。溝通的對象有兩個，神祇和祖宗；方式則有兩種，占卜和祭祀。占卜用龜甲獸骨，這就有了"甲骨文"。祭祀用青銅禮器，這就有了"鐘鼎文"。後來還有刻在石頭上的，則叫"石鼓文"。但無論甲骨、鐘鼎、石鼓，都通靈，既通神靈，又通心靈，是我們民族的"通靈寶玉"。

難怪古人說，漢字發明出來時，天上要下小米，鬼要在晚上哭個沒完。

對不起了，鬼們！

事實上，人類作為萬物之靈，必定是"創造符號的動物"。只不過，我們民族創造的符號，天然地就有一種卓異的風格。它是實用的，卻又有藝術的品味和審美的意味。甲骨文樸拙勁挺，鐘鼎文雄健詭譎，石鼓文厚重恣肆。那裏面，有篳路藍縷的草莽之氣，開天闢地的英雄之情，以及初生牛犢的沒心沒肺。從商到周，都如此。

這是一種"童年氣質"。

同樣的氣質也體現於青銅器，這是商人的拿手好戲。夏雖然有黃銅也有青銅，但商掌握的冶煉技術顯然水平更高，這才把夏人請下了 T 型台。因此他們的貓步，肯定走得銅光閃閃，鏗鏘有力，極盡炫耀之能事。

炫耀甚麼？

英武、富有、權威。

　　承擔了這個任務的是兵器和禮器。兵器是殺人的，禮器則是嚇人的。所以他們的青銅禮器上，滿是妖魔精怪、牛鬼蛇神、魑魅魍魎，比如有頭無身的食人怪獸"饕餮"，一頭兩身的怪蛇"肥遺"，一隻腳的"夔"和兩隻角的"虯"，全都面目猙獰形象恐怖，不是"殺人不眨眼睛"，就是"吃人不吐骨頭"。

　　這是一種"猙獰的美"。[4]

　　是的，猙獰。但同時，又天真。如果說，面對仰韶文化的彩陶，我們呼吸到的是潮乎乎的生命氣息；那麼，殷商青銅禮器給人的感覺，則是殺氣騰騰又嬉皮笑臉。其中有粗野，有蠻橫，有霸氣，有威嚴，也有頑皮和搞笑，甚至"某種真實的稚氣"，因為那畢竟是我們民族童年的作品。

　　只不過，這個兒童堪稱"頑劣"。

　　這沒辦法。歷史從來就不會在脈脈溫情的牧歌中進展，反倒經常得踏着千萬具屍體前行。李澤厚的這個觀點，一點都不錯。

　　殷商文明，注定只能是"有虔秉鉞，如火烈烈"。[5]

　　他們後來葬身火海，也不奇怪。

天命玄鳥

商的這種氣質，不太像中國。

殷商的統治跟埃及一樣，也是"神權政治"。在中國歷史上，也只有商的王宮裏，會有那麼多"神職人員"。他們相當於埃及的祭司，叫"巫"。另一類高級知識分子，則叫"史"，也叫"士"。史，是管人事的；巫，是通鬼神的。巫和史，就構成了兩種文化系統和文化傳統——巫官文化和史官文化。

商周之分野，便在於此。

周是重史官的，商則重巫官。巫官的任務，是揣摩神意，預測凶吉。方法有兩個：龜與筮，也叫"占龜"

"祝筮"。筮，就是用筮草占卜；龜，則是先在獸骨或龜

甲上鑽眼，再放進火裏燒，然後根據裂紋來解釋神意。這些
解釋都要刻在獸骨或龜甲上，所以叫"甲骨文"。

　　但與埃及不同，商王並不為巫官另建神廟。他的神廟就
是他的王宮，他自己則是最偉大的"與神溝通者"。標誌和
象徵，就是青銅禮器。禮器屬於王，不屬於巫。因此，王宮
所在地既是政治中心，也是祭祀中心。

　　這就把王權和神權統一起來了。同樣，在商人那裏，
祖宗崇拜和鬼神崇拜也是統一的。因為在天上，最善於也最
能夠與神溝通的，是商王的祖先；在地上，最善於也最能夠
與祖先溝通的，則是商王自己。因此，不是祭司而是商王，
或者說"時王"（在任商王），才與神祇之間有一種天然的
契合。

　　是的，神契。

　　時王、先王、神祇之間的契合來自天賦，因為"天命玄
鳥，降而生商"。這是商族讚美詩《玄鳥》的第一句，講述了
一個古老的神話：商的女性始祖"簡狄"在吃了一隻玄鳥蛋
後，就懷孕生了他們的男性始祖"契"。這當然是"天意"，
也意味着"神權"。於是，天命與神授，也統一起來了。

　　那麼，這隻神秘的玄鳥，又是甚麼？

　　燕子。

　　是燕子嗎？是。郭沫若說是鳳凰，恐怕不對。就算是，

也是燕子變的。因為玄鳥每年都要降臨人間一次，鳳凰則沒人見過。

玄鳥或燕子北歸，是在春天。春天是性愛的季節，也是商人性解放和性自由的時光。這時，除男性奴隸外，貴族、平民和女奴隸，都可以自由地來到玄鳥神廟，在神的面前盡情享受一夜情。當然，也可以多次和多人。

奇怪嗎？不奇怪。因為許多民族都有這樣的習俗，比如印度人和非洲人。目的，則是在一個短時期內回到原始時代，彌補婚姻對人性的壓抑，重溫遠古給性愛的自由。它甚至是古羅馬的一個固定節日，叫"沙特恩節"。[6] 只不過，時間是在冬至，也沒有燕子或玄鳥。

這是性愛的"復活節"。

商人的"沙特恩節"不但復活了性愛的自由，也揭示了文化的密碼。它告訴我們，商族最早是以燕子為生殖崇拜象徵的。後來，它變成了圖騰。進入國家時代以後，又像埃及一樣，變成了神。

變成神的燕子，原本完全可以像荷魯斯那樣，繼續保持鳥的形象，因為它很可能就是伏羲手上那隻太陽神鳥。那麼，你是鷹，我是燕，大家都是太陽神，有甚麼不可以？可惜，太陽崇拜是屬於夏文化的，商文化必須更高級。高級就得抽象。於是玄鳥就變成了一個抽象的神——"帝"或

"上帝"。

　　天庭有"上帝"，是因為人間有"下帝"。下帝商王，是玄鳥的後代，上帝的寵兒，青銅禮器的主人。饕餮、肥遺、夔龍和虯龍，都為他保駕護航。

　　這樣的江山，雖非鐵打也是銅鑄，怎麼也說亡就亡了呢？

不能再胡鬧了

把殷商趕下歷史舞台的是周。

周人的氣質完全不同。

正如後世儒家所言，周人很可能是“文質彬彬”的。孔子就說“鬱鬱乎文哉，吾從周。”相比較而言，夏則“樸而不文”，商則“蕩而不靜”。[7] 換句話說，夏質樸，商放蕩，周文雅。夏的時代畢竟原始，想華麗也華麗不了。意識形態更不成熟，只好聽天由命。

那麼商呢？商人真的放蕩嗎？

放蕩。或者說，愛折騰。

商人確實喜歡折騰。張衡的《西京賦》就說“殷人屢遷，前八後五”，也就是商湯之前遷徙八次，商湯之後遷都五回。

是的，這個民族有可能起源於河北易水流域，後來遷徙到渤海沿岸和山東半島。他們來到中原，跟當年的炎帝族一樣，也經過了萬里長征。只不過，炎帝是西戎，他們是東夷；炎帝的圖騰是獸（牛），他們的是禽（玄鳥）。但敢想敢幹，一樣。

這是一個富有想象力、創造力、探索精神、開拓精神甚至叛逆精神的民族。他們幾乎把所有的可能都嘗試了一遍，結果弄得自己一半像"中國"，一半像"外國"。比如神權政治，像埃及；等級觀念，像印度；制定法典，像巴比倫；商品經濟，像腓尼基；奴隸制度，像羅馬。根據卜辭的記載，他們甚至可能有羅馬那樣的角鬥表演，讓淪為奴隸的戰俘自相殘殺，供商王和貴族觀賞。[8]

殷商六百年，濃縮了世界古代史。

但最"不像中國"的，還是他們的工商業城市經濟。殷商的工藝水平極高，手工業也相當發達。就連馬纓和籬笆的製作，都有專門的工匠，完全達到了專業化的程度。這些產品除了滿足商王和貴族的驕奢淫逸，也拿到市場上買賣。生意最好的時候，廟宇都會變成市場。更多的商品，則被成群結隊的商旅駕着牛車騎着象，運往五湖四海世界各地。這種盛況，在上古唯獨殷商，以至於後人會以輕蔑的口氣，把跑來跑去做生意的稱為"商人"。

如果不是周人異軍突起，殷商會不會發展為羅馬帝國？

難講。

黃河九曲十八彎，中國道路也一樣。

然而在周人看來，商人就是在"闖紅燈"。其中最為嚴重的有三條。第一是"析財而居"，也就是父母在世的時候，就分家過日子，包產到戶，甚至析財到人。就連婦女，也有自己獨立所有的土地和財產。第二是"以業為氏"，也就是從事甚麼行業，就姓甚麼氏，比如製陶的是陶氏，製繩的是索氏，做旗幟的是施氏，編籬笆的是樊氏。第三是"以國為姓"。諸侯封在某國，就姓某，商王也不管他們是不是自家人。誰的實力強，誰就是大爺。

顯然，這是對祖宗家法的背叛，這是對家國體制的破壞，這是對中華傳統的挑戰。想想看嘛！以業為氏，還有"父"嗎？以國為姓，還有"君"嗎？析財而居，還有"家"嗎？家都沒了，還有"國"嗎？家國、君臣、父子都沒有了，還有"天下"嗎？照他們這樣下去，變圖騰為祖宗，豈不是白幹了？

這比酗酒、泡妞、開裸體舞會、以漁獵為遊戲、不聽忠言、讓女人干預朝政等等嚴重多了，當然不能再讓他們胡鬧下去！

後起之秀周，要為中華文明立法、立範、立規矩。

奠基者來了。

[第二卷 終]

後記

巡航日誌

1. 謎語

升到巡航高度後，在飛機上就多半只能看到雲。

做一次全球的飛行是必需的。因為從本卷起，中華史就進入了國家時代。從部落到國家，是歷史的岔路口。在那裏，先前的同路人即世界各民族開始分道揚鑣，各自朝着自己認準的方向往前走。沒人知道前景如何，更不知道獅身人面的斯芬克斯，正蹲在那路口冷笑。

是的，斯芬克斯。

岔路口上常有劫匪，但斯芬克斯與眾不同。她不要錢，卻賭命。這傢伙從古埃及跑到古希臘後，不但變成了女妖，還從繆斯那裏學到一肚子謎語，專門為難過往的行人。誰要是猜不出謎底，她就把誰一口吞掉。直到底比斯的英雄俄狄浦斯一語中的，她才獅子般地咆哮了一聲，一頭摔下萬丈懸崖。

現在看來，希臘人是太樂觀了。斯芬克斯其實沒死，只不過從岔路口來到了思想界。那可是智者雲集的地方，有層出不窮的主義可供飽食，也有眾多的謎團可供提問，不愁沒有俎上之肉，盤中之餐。

國家的邏輯，便是其中之一。

是啊，人類為甚麼要有國家呢？為甚麼一個民族要想告別史前進入文明，就得先把國家發明出來？如果說事出偶然，為甚麼無一例外？如果說這是進步，又為甚麼會有那麼多人懷念氏族和部落的時代？

這樣的難題，正合斯芬克斯的口味。

一個又一個的體系被吃掉了，學者們不得不選擇審慎的態度。他們在寫到這個歷史的重大轉折時，原則上都只描述，不分析。他們會告訴我們，某某國家是由部落或部落聯盟轉變而來的，也會告訴我們是怎樣轉變甚至是通過誰來實現轉變的。但為甚麼要變，鮮有深究。即便探究，也往往僅限於西方世界。

然而中華文明不能缺位。從西周到春秋，我們實行的是最獨特的國家制度；從秦漢到明清，建立的是最典型也最穩定的帝國。回顧中華民族的經驗和邏輯，文明的大門前，歷史的岔路口，就只能是波詭雲譎，迷霧重重。

斯芬克斯神閒氣定笑傲江湖。

我們怎麼辦？

2. 辦法

1798 年 7 月，拿破崙率領他所向披靡的遠征軍來到了埃及。他們在吉薩高地壯麗的晚霞下，看見了海一般遼闊、夜一般死寂的土地，看見了默默無言巍然矗立的金字塔，以及被希臘人稱為"斯芬克斯"的獅身人面像。幾乎所有人都被震撼。拿破崙，這位"騎在白馬上的時代精神"莊嚴地說：士兵們，四千年的歷史正在看着你們！

也就在這時，一個不識好歹的傢伙貿然開炮，還一炮便打歪了獅身人面像那一米七五的鼻子。這一炮，不知是心慌意亂，還是擦槍走火。

反正，斯芬克斯的鼻子沒了，這讓它的微笑更加冷峻而傲然。

炮打斯芬克斯的故事，二百年間在埃及廣泛流傳，也不斷被歷史學家們辯誣。有人說，讓它失去了王冠、聖蛇、長鬚、鬃毛和鼻子的，其實是幾千年的日曬雨淋，風吹沙襲。也有人說，砍掉它鼻子的，是一位名叫沙依姆‧台赫爾的伊斯蘭蘇菲派教徒，原因是反對偶像崇拜。還有人說，拿它眼睛和鼻子當靶子練習射擊的，其實是埃及瑪穆魯克王麾下的士兵。

　　但無論真相如何，這些經驗對我都不適用。因為我寫《中華史》，是要審視"世界文明中的中華文明"，找到"中華文明中的共同價值"，最終回答"我們是誰，從哪裏來，到哪裏去"這三大問題。

　　這就必須直面"斯芬克斯之謎"。只有弄清楚"國家的邏輯"，才知道"文明的軌跡"，也才能破譯中華文明的密碼。只不過，迎面而上是不行的，繞道而行也是不行的，裝作沒看見就更不行。

　　唯一的辦法是升空。

　　因此，在完成史前文化的"破冰之旅"後，有必要來一次"全球巡航"，以便看清楚全人類的"國家邏輯"，而且是"共同邏輯"。

　　知道"共同邏輯"，才能找到"共同價值"。

3. 鑰匙

　　升空的感覺很好。

　　沒錯，升到巡航高度後，多半只能看到雲。但雲和雲是不一樣的。不同的雲下面，有的是山，有的是河，有的是草原，有的是森林。更何況，一旦雲開霧散，我們還能像李賀說的那樣：遙望齊州九點煙，一泓海水杯中瀉。

　　那"九點煙"是甚麼？

　　城市。

　　城市是國家的象徵，文明的界碑。任何一個民族，只要建立了城市，就同時建立了國家；建立了國家，也就進入了文明。以此為界，之前叫"史前"，也是神話和傳說的時代，之後才是"歷史"。

　　歷史，就是文明史。

　　城市，則是"文明的標誌"。許多早已消失的文明，就是因為考古隊發現了城市的遺址才得以確認的，比如克里特和哈拉巴。

　　鑰匙找到了。

　　那麼，城市的秘密又在哪裏，怎樣才能發現它？

　　這要感謝我們民族的偉大發明，這個偉大發明就是象形文字。象形文字比拼音文字優越的地方，在於能夠保留最原始的信息，尤其是甲骨文和金文。而且，通過對文字演變的考察，我們還能發現歷史的軌跡。這套《中華史》從第一卷開始，便大量使用古文字為線索和證據，原因就在這裏。

　　甲骨文和金文告訴我們，國就是城，城就是牆。這顯然是為了安全和安全感。但現代城市是沒有牆的，這就證明人們還要自由和自由感。既要安全，又要自由，只有城市才能實現。城市的秘密破譯了。

　　問題是，為甚麼城市出現以後，部落就變成國家了呢？

　　因為人變了。

　　組成氏族和部落的，是“族民”；組成城市的，是“市民”；組成國家的，是“國民”。族民與市民，有甚麼不同？族民有血緣關係，至少有“泛血緣關係”。沒有，就得聯姻。市民則可以有，可以沒有，本質上沒有。他們的關係是公共的，所以叫“公民”。其希臘文本義，就是“城邦的人”。

　　有“公民”，就有“公共關係”和“公共事務”。處理這些關係和事物，氏族和部落時代的習俗是不管用的，得靠“公共權力”和“公共規則”，還得要有按照公共規則行使公共權力的“公共機關”。

　　這就是“國家”。

　　現在，國家的秘密破譯了嗎？

　　沒有。因為並非所有的國民都是公民。恰恰相反，在人類文明之初，絕大多數國民都是“臣民”。

4. 發現

這一點，在巡航高度看得十分清楚。

如果用不同的顏色代表不同的國家體制，比如民主制為藍，共和制為紅，寡頭制為黑，君主制為黃，再加上氏族和部落為灰，不毛之地為白，那麼，文明之初的世界地圖，除了大片的灰和白，便是大面積的黃。紅與黑很少，僅出現於愛琴海、巴爾干、喜馬拉雅山麓等個別地區。代表民主制的藍，則幾乎只是一個點，而且一閃即滅。

它的名字，叫"雅典"。

然而這個被淹沒在黃色之中的小不點，卻在一千多年後死而復生，並成為汪洋大海。就連那些實際上的專制統治，也不得不打出民主的旗號。今日之世界，已是一片蔚藍。

至少，看起來是。

那麼，民主是意外，還是必然？

這個問題很難回答。如果說是意外，為甚麼後來成為潮流？如果說是必然，為甚麼當時獨一無二？

也只能找樣本，做比較，查線索。

樣本就是美國。這個制定了人類第一部成文憲法的國家，這個談出來而不是打出來的國家，是民主、共和、憲政的典型。然而這個由商人、工匠、律師、文盲、探險家、淘金者和流浪漢組成的國家，卻與雅典有着驚人的相似。他們的建國，居然都是因為航海、殖民和經商，幾乎一模一樣。

那又如何？

航海讓人體會到自由，殖民讓人懂得了獨立，經商讓人學會了平等。平等就不容專制，獨立就需要互利，自由就必須有法可依。獨立、自由、平等的結果，勢必是民主、共和、憲政，是"契約治國"和"權力制衡"。

從雅典到費城，西方文明的秘密昭然若揭，核心價值也一目了然。

但，這是全人類的共同價值嗎？

5. 鳥瞰

回答是肯定的。

道理也很簡單：如果獨立、自由、平等不是共同價值，那麼，民主、共和、憲政就不會成為世界潮流。事實上，世界各民族對此都有追求。比如中國的墨家、道家和佛家，便都講平等，分歧僅在實現平等的方式。儒家雖不講平等，卻講對等，也講獨立和自由，只不過主張"相對獨立"和"相對自由"。

這一點，我在第六卷《百家爭鳴》還要細說。

其他民族，也一樣。

於是問題就來了：既然獨立、自由、平等是共同價值，民主、共和、憲政又為甚麼會姍姍來遲，就連西方也走了一大圈彎路？

顯然，國家必定還有秘密，而且一定隱藏在分手之前的起點之中。

這就不能再走街串巷，只能回到斯芬克斯攔劫行人的岔路口，還得鳥瞰。結果也很清楚。世界各民族的史前道路是一樣的，都是從氏族到部落再到國家。史前文化也是一樣的，都有巫術和圖騰。但進入國家和文明時代後就分道揚鑣。巫術在印度變成了宗教，在希臘變成了科學；圖騰在埃及變成了神，在羅馬變成了法。原始文化脫胎換骨。

宗教是"沒有國界的國家"，法律是"並非圖騰的圖騰"，它們共同實現的是"身份認同"。任何一種國家體制和國家道路，都不過是世界各民族在不同的歷史條件下，為了實現安全、自由和身份認同所做的不同選擇和探索。

這就是國家的秘密。

也是國家的邏輯。

6. 着陸

看清了人家的路，也就看清了我們的來龍去脈。

中華文明的與眾不同之處，就在於巫術沒有變成科學，也沒有變成宗教，而是變成了倫理和藝術，即禮樂。圖騰則既沒有變成神，也沒有變成法，而是變成了祖宗。從生殖崇拜（女媧、伏羲），到圖騰崇拜（炎帝、黃帝），再到祖宗崇拜，就是我們走過的道路。

換句話說，其他民族的身份認同，或者靠神，或者靠法，或者靠信仰，靠觀念，唯獨我們是"認祖歸宗"。夏后啟能廢除禪讓制，堯舜禹會變成夏商周，原因就在這裏。從秦漢到明清，君主制堅如磐石，原因也在這裏。

有了"祖宗崇拜"，才有了"家國體制"，也才有了從夏商周到元明清的三千七百年文明史。就連甚麼叫"中國"，也得以弄清。所謂"中國"，就是"當時先進文化的中心"，夏商周則是"三個代表"。他們前赴後繼，不斷探索，輪流坐莊，終於奠定了中華文明的基礎。

基礎是牢固的，影響也是持久的。今天的一切，都可以追溯到那時，包括文字符號和文化心理，文明方式和核心價值。

因此，與埃及、美索不達米亞、哈拉巴、瑪雅、波斯、拜占庭等先後毀滅、中斷、消亡、失落的文明相比，也與不斷更新的西方文明相比，我們的文明"超級穩定"。如何評價這種"超級穩定"，自然不妨見仁見智。但弄清楚其所以然，則恐怕更為重要。

不過，那將是第三卷的事。

現在，巡航已經結束，請調直座椅靠背，打開遮陽板，收起小桌板，繫好安全帶，我們着陸。

下一站，是"周原"。

註釋

第一章

1. 阿歇爾（Ussher），又譯厄希爾、厄色爾。相關材料請參看朱狄《藝術的起源》第 13~15 頁及註，中國社會科學出版社 1982 年版。

2. 埃及文明和西亞文明誰先誰後，有爭議。這裏不討論。

3. 如果加上奧爾梅克，是"六大文明"。

4. 《明史·誌第五十七·食貨五》："每鈔一貫，准錢千文，銀一兩；四貫準黃金一兩"，1600 年後的黃金白銀比例是 1：4，後來又變為 1：5（《明史·誌第五十四·食貨二》）。1644 年後由於白銀大量流入國內，當時黃金白銀比率為 1：8 左右，按照當時 5500 荷蘭盾＝ 110 盎司黃金 ≈880 盎司白銀（1 盎司＝ 28.3495231 克）。古代 1 斤＝ 16 兩，1 兩白銀 ≈37.3 克，換算出來，1 荷蘭盾 ≈0.567 克黃金 ≈4.536 克白銀 ≈0.1216 兩白銀。

5. 倫勃朗的畫室緋聞請參看美國時代生活圖書公司編著《歐羅巴的黃金時代·北部歐洲》。

6. 赫西俄德和奧維德的説法請參看赫西俄德《工作與時日》，奧維德《變形記》。

7. "大同和小康"的説法，見《禮記·禮運》。

8. "鬱鬱乎文哉，吾從周"，見《論語・八佾》："周監於二代，鬱鬱乎文哉，吾從周。"

9. 《荀子・王制》："力不若牛，走不若馬，而牛馬為用，何也？人能群，彼不能群也。"

10. 《荀子・非相》："人之所以為人者，非特以二足而無毛也，以其有辨也。"

11. 《荀子・王制》："水火有氣而無生，草木有生而無知，禽獸有知而無義；人有氣，有生，有知，亦且有義，故最為天下貴也。"

12. 《荀子・王制》："君者，善群也。"

13. 羅馬人趕走最後一任"勒克斯"（部落王），是在公元前509年；屋大維成為皇帝，則是在公元前27年。

14. 關於城邦與公民的解釋，見商務印書館1965年版亞里士多德《政治學》（吳壽彭註本）。

15. 臣的解釋，見《古文字詁林》第四冊。

16. 恩格斯關於國家與國民關係的說法，見《路德維希・費爾巴哈和德國古典哲學的終結》。

17. 法家從不討論為甚麼要有君主，他們對君主和君權的維護是無條件的。

第二章

1. 請參看奧斯伍爾德・喜仁龍《北京的城牆和城門》，北京燕山出版社1985年版。

2. 古老文明的創造者都是農業民族。埃及人把自己的國土稱為"克麥特"（kmt，意思是有別於沙漠的"黑土地"）；古巴比倫的一份文獻稱"田地是國家的生命"（見崔連仲主編《世界通史・古代卷》第101頁）；而在印度，"田地被小心地測量着"（《梨俱吠陀》）。

3. 關於塔薩代人和芬圖人，見斯塔夫里阿諾斯《全球通史》。

4. 安特衛普的標牌，見劉明翰主編《世界通史》(中世紀卷)。

5. 逃亡的農奴因城市而自由，見斯塔夫里阿諾斯《全球通史》。

6. 福建客家人的土樓堪稱"迷你型城市"。它的外圈是夯土而成的厚重的牆，上面有箭垛、槍眼和望哨，正中則是公共空間。居民平時各人過各人的日子，有事集中起來商量。如果遭遇侵略，則同仇敵愾。

7. 《國語・周語上》："獸三為群，人三為眾。"

8. 主即"炷"的本字。小篆的主字，像一盞油燈之形，上面的一點代表燈芯上燃燒的火苗。所以，主的本義即指燈芯。主字後來多用為主人、家長以及主持、掌管等義，故另造"炷"代替它的本義。《説文・丶部》："主，燈中火主也。從釭，象形；從丶，丶亦聲。"本義為燈頭火焰。

9. 最早實現了"中央集權"的是埃及。公元前 3100 年前後，以孟菲斯為界的上埃及(尼羅河上游)和下埃及(尼羅河下游)，在納爾邁(也叫美尼斯)的武力征服下變成了統一的帝國，這就是"第一王朝"。

10. 印度的"阿育王時代"為公元前 273 年～前 236 年，相當於中國的戰國末年。

11. 從公元前 594 年"梭倫改革"，到公元前 337 年與馬其頓國王腓力二世簽訂城下之盟，雅典的民主存在了二百多年。從公元前 509 年到公元前 27 年，羅馬的共和近五百年。從屋大維建立帝制，到西羅馬帝國滅亡，也是五百年。

12. 安全與自由，就像公平與效率，是一對矛盾。側重點不同，選擇就會兩樣。更看重公平的，選擇社會主義，儘管社會主義也要講效率；更看重效率的，選擇資本主義，儘管資本主義也要講公平。因此，資本主義和社會主義，是可以互補的。人類也終將在這一對矛盾中找到平衡點，走出共同富裕的道路。

第三章

1. 科林斯（Corinth），古希臘城邦，位於伯羅奔尼撒半島的東北，臨科林斯灣。是希臘本土和伯羅奔尼撒半島的連接點。公元前 8 世紀～前 7 世紀中期，巴希阿德斯家族把持科林斯城邦政權，實行貴族寡頭統治。

2. 雅典的民主，開始於公元前 594 年的"梭倫改革"，完成於前 509 或前 508 年的"克里斯梯尼改革"，在前 443～前 429 年"伯里克利時代"達到鼎盛，前 431～前 404 年"伯羅奔尼撒戰爭"後走向衰落，前 337 年"科林斯會議"後宣告終結，大約存在了二百多年。之後，是亞歷山大的王權統治。

3. 不平等的主體無法進行交易。比如中國的皇帝和臣民要互通有無，便只能一個叫"孝敬"，一個叫"賞賜"，更不可能講價。

4. 馬克思的話，見《〈政治經濟學批判〉導言》；恩格斯的話，見《家庭、私有制和國家的起源》。

第四章

1. 奧爾梅克、瑪雅、特奧蒂瓦坎和阿茲特克都有活人獻祭和金字塔，也都崇拜太陽神。奧爾梅克和特奧蒂瓦坎兩個民族都神秘失蹤，瑪雅則莫名其妙地棄城而走，只有阿茲特克為西班牙人所滅。

2. 全世界的考古學家都無法回答，特奧蒂瓦坎人從哪裏來，又突然去了哪裏，也不知道他們講甚麼語言，但發現特奧蒂瓦坎城是根據太陽系的模型來建造的，其重要建築之間的距離恰好與太陽系行星運行軌道數據一致，因此懷疑特奧蒂瓦坎是外星人的遺族。有部分學者認為，奧爾梅克文明的建立，可能得到了中國商代流亡者的幫助。因為奧爾梅克文明興起之日，即公元前 1200 年前後，正是殷商滅亡之時。兩種文明的相似之處也很多，比如都以虎為尊，至少有 150 個文字符號相像，美國華裔學者許輝甚至於 1999 年在奧爾梅克文化展中發現了一個商代遺民的祭祀品。但此説仍有爭議。

3.　西方史學界把人類文明分為三個階段：古代文明、古典文明和現代文明。古代文明主要指美索不達米亞、埃及、克里特、印度河、中國的商文明；古典文明則包括希臘、羅馬、印度、西周以後的中國。古代文明的衰落，被認為是遊牧民族所摧毀。就連西周取代殷商，也被説成是"蠻族的入侵"。這顯然不符合中國國情，因此本書拒絕接受這種觀點。

4.　關於夏商周的文化範圍，請參看許倬雲《西周史》。

5.　中華文明的特點，是連續與聚合；印度文明的特點，是鬆散和間斷，請參看斯塔夫里阿諾斯《全球通史》。關於這一點，學術界有爭議。

6.　莫臥兒王朝第六代君主叫奧朗則布，號"阿拉姆吉爾"（意為世界的征服者）。其父為建造著名泰姬陵的沙・賈汗。

7.　英國人類學家詹姆斯・弗雷澤在《金枝》一書中提出，人類的智慧、意識和精神生活經歷了三個歷史階段，這就是"巫術──宗教──科學"。起先人們以為，往天上潑水，就會下雨。這就是巫術。後來發現不管用，便叩拜神靈，乞求賜雨。這就是宗教。等到連這也不管用時，人類才真正踏進科學之門，學會了天氣預報，也學會了人工降雨。所以，巫術是"前宗教"，也是"偽科學"。本書不同意這個觀點。

8.　佛教和耆那教的創始人都是王子。佛教創始人釋迦牟尼是淨飯國王子，耆那教創始人筏陀摩那是貝那勒斯王子。二千多年後創立錫克教的納那克，雖然不是王子，卻也是"刹帝利"。這就説明，獨立、自由、平等，確實是人類的共同價值和共同追求。

9.　哭牆又稱西牆，是耶路撒冷舊城古代猶太國第二聖殿護牆的僅存遺址。猶太教把該牆看作是第一聖地。千百年來，流落在世界各個角落的猶太人回到聖城耶路撒冷時，便會來到這面石牆前低聲禱告，哭訴流亡之苦。

第五章

1. 先後征服埃及的，是波斯國王岡比西斯和馬其頓國王亞歷山大。

2. 本章關於古埃及宗教以及神權與王權關係的論述，請參看金觀濤、王軍銜《悲壯的衰落》。

3. 十八王朝的這位女王叫"哈特舍普蘇特"，是"圖特摩斯一世"的女兒，後嫁給她父親同父異母的兄弟"圖特摩斯二世"，並生下"圖特摩斯三世"。所以"圖特摩斯三世"既是她的兒子，也是她的堂兄弟。這種亂倫的近親繁殖在古埃及王族中非常普遍。

4. 篡奪法老的王位的阿蒙神廟祭司叫"赫利霍爾"，事情發生在公元前1085 年。

5. 迦太基（QRT HDST），坐落於非洲北海岸（今突尼斯），與羅馬隔海相望。大約在公元前八世紀～公元前六世紀，迦太基開始向非洲內陸擴展，並開始稱霸西地中海，與希臘分別控制着地中海的西東兩邊。最後因在三次布匿戰爭（Punic Wars）中均被羅馬打敗，而於公元前146 年滅亡。羅馬人摧毀迦太基之後，在公元前122 年便建立新城殖民於原迦太基城廢墟領土之上，公元前29 年羅馬將迦太基設為非洲阿非利加省的一部分。

6. 西羅馬帝國亡於公元 476 年，東羅馬帝國亡於公元 1453 年。

7. 德國法學家耶林說過，羅馬人對世界有三次征服，第一次用武力，第二次用宗教，第三次用法律。法律的征服是最持久的。

8. 羅馬法規定的"身份權"中，最重要的是"自由權"。沒有自由，即為奴隸。這就區別了"奴隸"和"自由人"。其次是"市民權"，包括參政議政、擔任公職、選舉被選舉等"公權"，結婚、訴訟、處分財產、建立遺囑等"私權"。這是羅馬公民的"特權"。這就區別了"羅馬人"和"非羅馬人"。至於"家族權"，則實際上是"父權"。這就區別了"父子夫妻"。

9. 羅馬法還規定，只有同時具備自由權、市民權和家族權三種"身份權"，才是"完整的人"。否則，就叫"人格減等"。喪失家族權叫"小減"，喪失市民權叫"中減"，喪失自由權叫"大減"。羅馬人的統治手段，就是讓被征服者處於不同的"法律地位"。公元 212 年，羅馬皇帝卡拉卡拉頒佈敕令，授予羅馬境內所有自由人公民權利，就是"懷柔政策"之一。

10. 正因為中國古代的國家體制是"家國一體"，所以當年海瑞罵皇帝，司法部門就參照"兒子罵父親"來量刑。流氓地痞叫"地頭蛇"，也因為高高在上的是一條龍。

11. 見恩格斯《家庭、私有制和國家的起源》援引吉羅・特龍《婚姻與家庭的起源》一書所引埃斯潘納斯《論動物的社會》的說法。

第六章

1. 美國歷史學家伊佩霞著《劍橋插圖中國史》認為，由於沒有確定的夏遺址能與文獻記載相符，因此不能確定商以前是否有一個發育成熟的夏朝。但確定無疑的是，中國歷史在這個時期發生着巨大的轉折。這個說法是科學的。

2. 《史記・夏本紀》稱："禹子啟賢，天下屬意焉。及禹崩，雖授益，益之佐禹日淺，天下未治。故諸侯皆去益而朝啟，曰：吾君帝禹之子也。"

3. 中華文明能夠延續三千七百年不中斷，殷商的甲骨文和秦始皇的"書同文"，功莫大焉。事實上，現代漢語的語音，尤其是"普通話"，不要說跟商周，就是跟唐宋，也"不可同日而語"。但我們能夠欣賞唐詩宋詞，看懂《詩經》和《左傳》，甚至能夠解讀商周的卜辭和銘文，這就是漢字的功勞。

4. 請參看李澤厚《美的歷程》。

5. "有虔秉鉞，如火烈烈"，見《詩經・商頌・長髮》。

6. 關於"沙特恩節",見恩格斯《家庭、私有制和國家的起源》及註。

7. "夏道尊命,樸而不文;殷人尊神,蕩而不靜",見《禮記‧表記》。

8. 殷商卜辭中有"卜貞,臣在鬥"(前二‧　九)的記錄,呂振羽、翦伯贊兩先生均猜測有用奴隸的角鬥表演之事。

附錄圖表

表 1-1：人類進化歷史簡化表

時　代	物　種
250 萬年前	人屬物種出現。能人。石器出現，舊石器時代早期開始。
180 萬年前	直立人在非洲出現。 150 萬年前匠人學會了使用火。 70 萬年前北京人首次在亞洲出現。
51.6 萬年前	前人、人類與尼安德特人的共同祖先。
35.5 萬年前	海德堡人出現。 舊石器時代中期開始。
19.5 萬年前	奧莫遺跡證明遠古智人是從海德堡人演化而來。
16 萬年前	長者智人有了喪葬儀式，並學會了宰殺河馬。
14 萬年前	線粒體夏娃生活在東非。
7 萬年前	線粒體單倍群 L2 出現，有了行為現代性。
6 萬年前～9 萬年前	Y 染色體亞當生活在非洲。
5 萬年前	遷移到南亞。舊石器時代晚期開始。線粒體單倍群 U、K 出現。
4 萬年前	遷移到大洋洲和歐洲（克羅馬儂人）。
2.5 萬年前	尼安德特人滅絕。
1.2 萬年前	全新世、中石器時代開始。佛羅勒斯人滅絕，人類成為了人屬中唯一存活的物種。

表 1-2：人類的誕生到文明的誕生

恩格斯把生活在樹上的古猿稱為"攀樹的猿群"，把從猿到人過渡期間的生物稱作"正在形成中的人"，而把能夠製造工具的人稱作"完全形成的人"。

攀樹的猿群	原上猿	3500 萬年前～ 3000 萬年前
	埃及猿	2800 萬年前～ 2600 萬年前
	森林古猿	2300 萬年前～ 1000 萬年前
正在形成的人	南方古猿（傍人、人屬）	440 萬年前～ 140 萬年前
完全形成的人	早期猿人	380 萬年前～ 360 萬年前
	晚期猿人	180 萬年前～ 30 萬年前
	早期智人	30 萬年前～ 5 萬年前
	晚期智人	5 萬年前～ 1 萬年前
文明誕生	美索不達米亞（兩河流域）	1 萬年前～ 8000 年前

表 2：中國、印度、兩河流域比較

年代	中　國	印　度	兩河與希臘
前 38～前 22 世紀	中國歷史的傳說時代：從女媧到伏羲，三皇五帝。前 26 世紀，傳說中國史官沮誦、倉頡造文字。		前 3100 年，古代埃及上埃及統治者美尼斯征服下埃及，初步形成統一國家，埃及第一王朝形成。前 27 世紀起，大規模興建金字塔，獅身人面像落成。前 3000 年，古代兩河流域蘇美爾地區出現奴隸制城市國家。蘇美爾人發明了楔形文字。前 3000～前 2300 年，愛琴海地區克里特文明出現。
前 24～前 20 世紀	約前 21 世紀，大禹治水成功。大禹治水，或許是權力模式的起源。禹 "以銅為兵"。奚仲造車。中國二里頭文化存在。前 1988～前 1979 年啟稱夏后；"家天下"。監獄始建，相傳夏朝開始。	印度河文明時代（約前 2300～前 1750 年）。這是古印度最早的文明，中心在印度河的哈拉巴和摩亨佐·達羅兩地，故稱 "哈拉巴文化"。	約前 2113～前 2096 年，古代兩河流域烏爾第三王朝創立者烏爾納姆在位，頒佈《烏爾納姆法典》，為世界第一部成文法典。古埃及中王國時期。青銅器廣泛應用，開發法雍湖地區，修建卡爾納克神廟。愛琴海地區邁錫尼文明出現。
前 19～前 15 世紀	約前 16 世紀，商湯伐夏桀，夏朝滅亡，商朝創立。		前 1792～前 1750 年，古巴比倫第 6 代國王漢謨拉比在位，制定《漢謨拉比法典》。約前 17～前 14 世紀，小亞細亞赫梯古王國時期。

年代	中　國	印　度	兩河與希臘
前 14 ～ 前 12 世紀	盤庚遷殷。 中國已產生甲骨文。約前 13 世紀，商代青銅器全盛時代。晚商司母戊鼎為現存最大青銅器。 商妲己的傳說和記載。	古代印度早期吠陀時代。 瓦爾那制度萌芽。	底格里斯河和幼發拉底河地區的人們從山區遷移到大河流域（從高地遷移到低地）。 古希臘海倫的傳說和記載。
前 11 ～ 前 9 世紀	前 1046 年，周武王伐紂滅商，建立西周。西周實行井田制、分封制和宗法制。西周封邦建國，周公制禮作樂。		古希臘荷馬時代。 特洛伊戰爭。 從前 10 世紀末葉起，新亞述帝國興起。經過兩個多世紀連續不斷的征戰，最終建立起一個橫跨西亞北非的帝國，將兩河流域南部及埃及兩大文明置於自己的統治之下。
前 9 ～前 8 世紀	前 841 年，周厲王暴虐，國人暴動，厲王逃亡。召公、周公行政，號曰共和。中國歷史確切紀年自此開始。 前 771 年，申侯與繒、西夷犬戎攻周，殺周幽王於驪山，西周亡。 前 770 年，周平王東遷洛邑，東周始。歷史進入春秋（前 770 ～前 476 年）時期。	古印度後吠陀時期。雅利安人國家形成，婆羅門教流傳，古代印度最早的哲學著作，婆羅門教經典《奧義書》形成。	古代西亞新亞述帝國時期。鐵器出現並廣泛應用。泛希臘主義：泛希臘性質的神廟和節日弘揚並強化了以下觀念：各地的希臘人共同屬於同一個文化群體並共享一樣的傳統、語言、習俗、宗教。 前 8 ～前 6 世紀，古羅馬王政時代。

年代	中　國	印　度	兩河與希臘
前 6 世紀	前 551 ～ 前 479 年，孔子在世，創立儒家學派，提出完整的政治、倫理、道德思想，首創私人講學，主持文化古籍的編訂整理。現存《論語》為門人記錄他談話的編集。	約前 563 ～ 前 483 年，佛教創始人釋迦牟尼在世，創立了完整的佛教教義學說。	前 670 ～ 前 500 年，希臘多城邦實行"僭主"統治。古希臘雅典執政官梭倫實行政治經濟改革，頒佈《阿提卡法典》。 前 509 年，羅馬人起義推翻了王權統治，建立羅馬共和國（執政官＋公民大會＋元老院）。
前 5 世紀	前 496 ～ 前 482 年，吳越爭霸。 前 476 年，春秋時期結束。 前 475 年，戰國時期開始。 前 456 年，秦設立了第一個縣，為中國歷史上郡縣制開端。 前 408 年，秦初租禾，實行實物地租。 前 403 年，"三家分晉"。 前 379 年，"田氏代齊"。 約前 476 ～ 前 390 年，墨子在世，創立墨家學派，提出兼相愛、交相利、尚賢、尚同、非命等政治哲學思想，重視邏輯傳統，當時與儒家並稱顯學。	前 500 年，印度種姓等級制度連同它的所有基本特點開始起作用。	約前 500 ～ 前 449 年，希波戰爭，古希臘城邦反抗波斯帝國侵略。 前 451 ～ 前 450 年，羅馬制定著名的《十二銅表法》。

年代	中　國	印　度	兩河與希臘
前 4 世紀	約前 360 年，《甘石星經》書成，為世界上最早的天文著作。 前 356 年，商鞅變法。 前 372 ～ 前 289 年，孟子在世，繼承發揚孔子和儒家思想，提出仁政和仁、義、禮、智等道德規範學説，為儒學的主要代表之一。著有《孟子》。 約 前 369 ～ 前 286 年，莊子在世，著有《莊子》。 前 340 ～ 前 278 年，詩人屈原在世，開創楚辭，寫《離騷》，後投汨羅江殉志。	古印度史詩《摩訶婆羅多》《羅摩衍那》開始形成。	前 334 ～ 前 324 年，馬其頓國王亞歷山大大帝率軍東征波斯、中亞和印度，行程萬里，為世界古代史上著名的軍事遠征。

表 3：美國建國大事記

- 1765 年 10 月，由馬薩諸塞倡議，在紐約召開了 "反印花稅法大會"，有 9 個殖民地派代表參加。大會接受了弗吉尼亞的觀點 "無代表不納稅"，通過了《權利與不平等宣言》，產生了 "美利堅民族" 的概念。

- 1770 年 3 月 5 日，在馬薩諸塞的波士頓，英國軍隊向抗議者開槍，史稱 "波士頓慘案"。

- 1773 年 12 月 16 日晚，在馬薩諸塞的波士頓，抗議者將英國東印度公司船上的茶葉倒入海中。

- 1774 年 9 月 5 日，13 個殖民地的 55 名代表（佐治亞代表被總督阻撓未能出席）在賓夕法尼亞的費城召開第一屆 "大陸會議"，通過《權利宣言》，宣佈殖民地人民有 "生存、自由和財產的權利"。

- 1775 年 4 月 19 日，獨立戰爭在馬薩諸塞的列克星頓和康科德打響。

- 1775 年 5 月 10 日，第二屆 "大陸會議" 在費城召開，喬治·華盛頓被任命為大陸軍總司令。

- 1776 年 6 月 7 日，第二屆 "大陸會議" 接受理查德·亨利·李 "13 個殖民地獨立自由" 的觀點，任命約翰·亞當斯（馬薩諸塞）、本傑明·富蘭克林（賓夕法尼亞）、托馬斯·傑弗遜（弗吉尼亞）、羅伯特·利文斯頓（紐約）、羅傑·謝爾曼（康涅狄格）組成委員會，起草《獨立宣言》。

- 1776 年 7 月 4 日，《獨立宣言》通過。後來，這一天被定為美國的建國日。

- 1777 年 11 月 15 日，第二屆 "大陸會議" 通過《邦聯與永久聯合條例》（簡稱《邦聯條例》），宣佈 13 個殖民地將永久聯合為 "美利堅合眾國"。

- 1781 年 10 月 17 日，英國軍隊在弗吉尼亞的約克鎮投降，獨立戰爭結束。
- 1783 年 9 月 3 日，英美兩國簽訂《巴黎和約》，英國承認美國獨立。
- 1787 年 5 月 25 日至 9 月 17 日，制憲會議在費城召開，制定出《聯邦憲法》。
- 1787 年 12 月 7 日，《聯邦憲法》首先在特拉華得到批准。
- 1788 年 7 月 2 日，《聯邦憲法》生效。
- 1789 年 4 月 30 日，華盛頓宣誓就任美利堅合眾國第一任總統。
- 1789 年 9 月 25 日，聯邦議會通過了 12 條 "憲法修正案"。
- 1791 年 12 月 15 日，12 條 "憲法修正案" 中有 10 條生效，它們被稱為《公民權利法案》。其中最重要的是第一條，即 "憲法第一修正案"。它規定：聯邦議會不得立法建立宗教或禁止宗教信仰自由，不得立法剝奪言論自由和出版自由，不得立法剝奪人民和平集會、向政府請願、表達不滿和要求申冤的權利。

表 4：中印對比

時　間	中　國	古代印度
前 24 ～前 20 世紀	前 1988 年～前 1979 年，啟稱夏后；"家天下"。	第一個時代：印度河文明時代（約前 2300 ～前 1750 年）。這是古印度最早的文明，中心在印度河的哈拉巴和摩亨佐·達羅兩地，故稱"哈拉巴文化"。
前 19 ～前 15 世紀	約前 16 世紀，商湯伐夏桀，夏朝滅亡，商朝創立。	第二個時代：早期吠陀時代（前 1500 ～前 1000 年），瓦爾那制度萌芽。
前 15 ～前 12 世紀	盤庚遷殷。	
前 11 ～前 9 世紀	前 1046 年，周武王伐紂滅商，建立西周，分邦建國。	印度河文明原因不明地毀滅後，古印度的歷史近 200 年模糊不清。大約從前 1500 年開始，印歐語系的雅利安人侵入次大陸。從前 900 年開始，雅利安人才進入文明，或者説古印度才第二次進入文明。
前 9 ～前 8 世紀	前 841 年，召公、周公行政，號曰共和。中國歷史確切紀年自此開始。 前 771 年，西周亡。 前 770 年，周平王東遷洛邑，東周始。歷史進入春秋（前 770 ～前 476 年）時期。	第二個時代：後期吠陀時代（前 900 ～前 600 年）。雅利安人國家形成，婆羅門教流傳，古代印度最早的哲學著作、婆羅門教經典《奧義書》形成。

時　間	中　國	古代印度
前 6～前 5 世紀	前 496 年～前 482 年，吳越爭霸。 前 476 年，春秋時期結束。 前 475 年，歷史進入戰國時期。 前 403 年，"三家分晉"。 前 379 年，"田氏代齊"。	第三個時代：列國時代（前 600～前 400 年），有時也稱 "早期佛教時代"。這是古印度列國並舉的時代，但也是一個戰國紛爭，逐步為統一打基礎的時代。此時，古印度的經濟、政治和文化中心也東移，即恆河流域成為文明中心，至於印度河流域，不僅失去重要地位，而且在前 518 年被波斯帝國佔領，成為其一個省。約前 563～前 483 年，佛教創始人釋迦牟尼在世，創立了完整的佛教教義學說。
前 4 世紀	前 356 年，商鞅變法。 前 341 年，齊伐魏救韓，大敗魏師於馬陵。 前 307 年，趙武靈王胡服騎射。	第四個時代是孔雀帝國時代（前 324～前 187 年）。這是古印度歷史上第一個統一時代和帝國，但統一者不是列國時代的強國摩揭陀，而是已失去重要地位的印度河流域的孔雀族。 亞歷山大滅亡波斯帝國後，印度河流域成為亞歷山大帝國的領土，但亞歷山大離開印度後，旃陀羅笈多不僅趕走了亞歷山大的守軍，而且完成了統一大業，建立起了孔雀帝國。

時　間	中　國	古代印度
前 3～前 1 世紀	前 260 年，秦趙長平之戰。 前 256 年，周赧王卒，秦取九鼎寶器，西周亡。 秦李冰築都江堰。 前 249 年，秦滅東周，周亡。 前 246 年，秦開鄭國渠。 前 238 年，秦王政（秦始皇）主國政。 前 221 年，秦滅六國，戰國時期結束。秦王政稱始皇帝，建立秦（前 221～前 206 年）。	孔雀帝國第三代王阿育王統治時期（前 269～前 232 年），帝國進入繁盛時代。 前 187 年孔雀帝國滅亡後，古印度的歷史一是長期模糊不清；二是外族不斷入侵。先後有大夏希臘人、塞種人、安息人、大月氏人。其中只有中國所稱西域的大月氏人在古印度西北部建立了穩固的政權——貴霜帝國。
前 3～前 1 世紀	前 209 年，陳勝、吳廣於蘄縣大澤鄉（今安徽宿州西南）起義。 前 206 年，項羽自立為西楚霸王，分封諸侯王，劉邦為漢王。楚漢戰爭爆發。 前 202 年，劉邦稱帝，建立漢（前 202～220 年）。	

時　　間	中　　國	古代印度
1 世紀	王莽即真天子位，國號新（8 ～ 23 年）。 25 年，劉秀即帝位，建元建武，定都洛陽。東漢始。	第五個時代是貴霜帝國時代（1 ～ 3 世紀）。貴霜帝國的建立者是居住在中國敦煌與祁連山一帶的大月氏人的一支。 第三代王迦膩色迦(78 ～ 102 年)時，貴霜帝國進入盛期，都城富樓沙（今巴基斯坦的白沙瓦）。此時帝國地跨中亞和南亞，與羅馬、安息、中國的東漢帝國並列為當時世界上的四大帝國。他死後，帝國開始衰落。到 3 世紀，帝國已分裂成若干小公國。古印度歷史又進入模糊不清的階段，直到 4 世紀笈多帝國的興起。

　　前 2300 年直到笈多帝國的興起，古印度除了 137 年的孔雀帝國和近 100 年的貴霜帝國是統一強盛的帝國外，其餘則都是諸國分裂時代，甚至是模糊不清的時代。

時　間	中　國	中古時期的印度
2～5 世紀	魏晉南北朝時期。	笈多王朝（320～540 年）。 超日王（380～415 年）時，國勢強盛。
6～9 世紀	581 年，楊堅代周稱帝，國號隋（581～618 年），建都長安。 589 年，隋軍克建康，俘陳後主，陳亡。南北復歸統一。 618 年，李淵稱帝，國號唐（618～907 年）。隋亡。 907 年，朱溫逼哀帝禪位，自即帝位，國號梁，史稱後梁（907～923 年）。唐亡。五代十國（902～979 年）時期開始。	啞噠人入侵時期（5～6 世紀）。5 世紀中葉，啞噠人（白匈奴）自中亞侵入印度。笈多國家經啞噠人打擊後，內部各小邦紛紛獨立，陷入分裂混戰之中。 540 年，笈多王朝的統治結束。 戒日帝國（606～647 年）興起，啞噠人被逐，戒日王統一了北印度，建都曲女城。其疆域東到孟加拉灣，西迄旁庶普的幾乎整個北印度。戒日王統治時正值玄奘訪印，他給予玄奘很好的禮遇。 拉齊普特人時期（7 世紀中葉～12 世紀末）。戒日王死後，帝國陷入分裂。8～10 世紀，印度有三個王朝互相爭霸。
10～12 世紀	960 年，趙匡胤發動陳橋兵變，稱帝，國號宋（960～1279 年）。後周亡。 1115 年，女真首領阿骨打在會寧稱帝，國號大金，史稱金（1115～1234 年）。 1127 年，金攻陷東京，俘徽、欽二帝，北宋亡。宋康王趙構（宋高宗）在南京（今商丘）即位，南宋始。	伽色尼王朝（962～1186 年）。中亞阿富汗境內興起的信奉伊斯蘭教的突厥人，入侵北印度後建立的王朝。 印度南部在 10～12 世紀時興起一個朱羅王國，該王國曾遠征錫蘭，並與阿拉伯有頻繁的貿易往來。12 世紀末陷入分裂。

時　間	中　國	中古時期的印度
13～16世紀	1206年，鐵木真建蒙古國，稱成吉思汗。 1271年，忽必烈定國號"大元"，中國元朝（1271～1368年）始。 1279年，元軍破崖山，陸秀夫負幼帝蹈海卒。宋亡。史家有"崖山之後無中華"的說法。 1368年，朱元璋在應天稱帝，國號"明"（1368～1644年），建南京城。 元惠宗逃上都，史稱北元。明軍入大都，元亡。	德里蘇丹國家（1206～1526年）。1206年，古爾王朝的蘇丹穆罕默德遇刺身死，其國家分裂。而統治印度的總督（穆罕默德的一位部將，名叫顧特布‐烏德‐丁‧艾貝克）以德里為中心獨立為蘇丹，故稱德里蘇丹國家，北印度從此開始了德里蘇丹王朝。期間經歷了五個王朝。 莫臥兒帝國（1526～1707年）。莫臥兒帝國的創立者是帖木兒的後裔巴布爾，故自稱蒙古人。1526年4月，巴布爾率兩萬多大軍進攻德里蘇丹國並取得戰爭的勝利。巴布爾在印度建立起莫臥兒帝國（1526～1858年）。1529年，巴布爾統一了北印度。到阿克巴（1556～1605年）即位後，莫臥兒帝國進入鼎盛時代。帝國的疆域空前擴大，超過了歷史上其他王朝。北方包括阿富汗和克什米爾。
17世紀	1616年，努爾哈赤稱汗，國號金，史稱後金。 1636年，皇太極在盛京即帝位，改國號為清（1636～1911年）。 1644年，李自成攻佔北京。崇禎帝自縊死，明亡。 清軍入北京，清廷頒圈地令，大規模圈佔土地。 1645年，清佔南京，南明弘光政權亡。	
19世紀		1849年，英國東印度公司宣佈兼併旁遮普，征服印度最終完成。 1858年，英王接管印度。 1877年，英王兼任印度皇帝。

表 5：外族入侵印度史

　　從公元前 518 年開始，先後侵略過印度的有波斯人、馬其頓人、條支人、大夏人、安息人、塞種人、貴霜人、匈奴人、白匈奴人、阿拉伯人、突厥人、土耳其人、蒙古人，最後是葡萄牙人、荷蘭人、法國人和英國人。最奇怪的，居然是雅利安人自己的"孔雀王朝"和"笈多王朝"，都只有二百多年；突厥人的"德里蘇丹王朝"和蒙古人的"莫臥兒王朝"，反倒都有三百多年。

時間	事　件
前 11 ～ 9 世紀	前後吠陀時代之間有 200 年左右歷史模糊。
前 6 世紀	前 518 年，波斯人佔領恆河流域。
前 4 世紀	前 325 年，馬其頓亞歷山大大帝進入印度。 前 304 年，條支人入侵，入侵印度北部（現代巴基斯坦旁遮普邦），與孔雀王朝的建國人旃陀羅笈多(又稱月護王)對抗，最後簽訂和約。
前 2 世紀	大夏（希臘～巴克特里亞）國王德米特里一世約在前 180 年間開始入侵北印度。
1 世紀中	大月氏人建貴霜帝國，從西北方入侵次大陸。
5 世紀中葉	啞噠人（白匈奴）自中亞侵入印度。
8 世紀	712 年，穆罕默德·比因·卡西姆統率阿拉伯軍隊攻佔達里巴爾，然後佔領信德地區，吞併以拉合爾為中心的旁遮普地區。從此旁遮普成為穆斯林地區。
10 ～ 11 世紀	阿富汗突厥人建立的伽色尼王朝蘇丹馬穆德先後共 17 次侵入北印度（另一說是 15 次）。
13 世紀	1206 年，作為突厥人不斷入侵的結果，德里蘇丹國開始（奴隸王朝，卡爾吉王朝，圖格魯克王朝，賽義德王朝，洛蒂王朝）。
16 ～ 18 世紀	蒙古莫臥兒入侵印度，擊敗德里蘇丹國，建立莫臥兒帝國。
17 ～ 19 世紀	英國入侵並統治印度。1600 年，英國東印度公司成立（後荷蘭、法國先後成立東印度公司）。 1623 年，英荷達成默契：荷蘭壟斷東印度群島，英國壟斷印度次大陸。

製表人：陳勤